U0128226

鼓山崎腳的考古發掘

陳有貝——增補修訂

楊宏政、李抒敏——原著

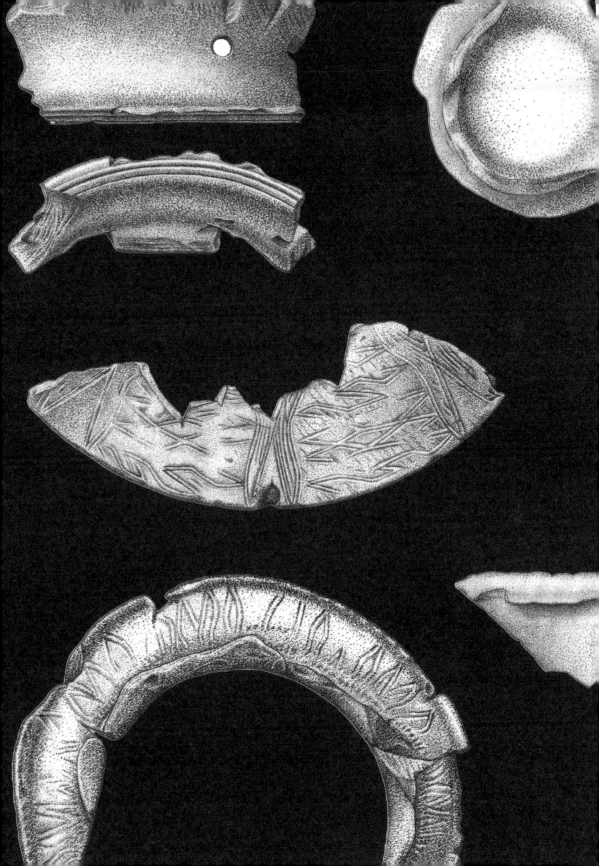

總序
開啟高雄文史工作
的另一新頁

文化是人類求生存過程中所創造發明的一切積累，歷史則是這段過程記載。每個地方所處的環境及其面對的問題皆不相同，也必然會形成各自不同的文化與歷史，因此文史工作強調地方性，這是它與國史、世界史的差異所在。

高雄市早期在文獻會的主導下，有部分學者與民間專家投入地方文史的調查研究，也累積不少成果。唯較可惜的是，這項文史工作並非有計畫的推動，以致缺乏連貫性與全面性；調查研究成果也未有系統地集結出版，以致難以保存、推廣與再深化。

2010 年高雄縣市合併後，各個行政區的地理、族群、產業、信仰、風俗等差異更大，全面性的文史工作有必要盡速展開，也因此高雄市政府文化局與歷史博物館策劃「高雄文史采風」叢書，希望結合更多的學者專家與文史工作者，有計畫地依主題與地區進行調查研究與書寫出版，以使高雄的文史工作更具成效。

「高雄文史采風」叢書不是地方志書的撰寫，也不等同於地方史的研究，它具有以下幾個特徵：

其一、文史采風不在書寫上層政治的「大歷史」，而在關注下層社的「小歷史」，無論是一個小村落、小地景、小行業、小人物的故事，或是常民生活的風俗習慣、信仰儀式、休閒娛樂等小傳統文化，只要具有傳統性、地方性與文化性，能夠感動人心，都是書寫的範圍。

其二、文史采風不是少數學者的工作，只要對地方文史充滿熱情與使命感，願意用心學習與實際調查，都可以投身其中。尤其文史工作具有地方性，在地人士最瞭解其風土民情與逸聞掌故，也最適合從事當地的文史采風，這是外來學者所難以取代的。

其三、文史采風不等同於學術研究，書寫方式也與一般論文不同，它不需要引經據典，追求「字字有來歷」；而是著重到田野現場進行實際的觀察、採訪與體驗，再將所見所聞詳實而完整的記錄下來。

如今，這本《鼓山崎腳的考古發掘》專書出版，為高雄的文史工作開啟另一新頁。期待後續有更多有志者加入我們的行列，讓這項文史工作能穩健而長遠的走下去。

「高雄文史采風」叢書總編輯

局長序

　　早在人類使用文字記載以前，人類已經歷漫長的時光。我們如何能夠知道這些沒有文字記載的歷史？往往僅能透過先人留下來的器物、骨殖和造作等遺址遺跡來加以推斷、研究，這就是考古研究的重要性和主要意義。

　　《鼓山崎腳的考古發掘》一書，源起於 2015 年高雄市政府為改善鼓山路常遇大雨淹水之苦，擬在當地建置滯洪池以改善水患。工程單位施作時，挖掘到史前遺物，即依「文化資產保存法」規定先行停工，並委請國立臺灣大學人類學系進行搶救發掘，旋由該系陳有貝教授率領團隊於 2017 年進場搶掘；本書即以發掘完成後之報告為藍本，增修而成。內容有相當專業的考古發掘作業和研究成果，也有相關自然地質和考古遺址、文化的介紹，以圖文方式呈現，為鼓山崎腳的史前活動留下紀錄。

　　「文資法」已明訂遺址為文化資產，是屬於全民的文化財。為了拉近民眾的認識，在發掘過程中，高雄市政府文化局與作業單位同步辦理民眾參觀考古現場、辦理相關課

程，並於 2019 年在高雄市立歷史博物館辦理相關展示，希望透過民眾接觸、出版專書和展示介紹等各種方式，促進公眾參與考古，從而加深對於高雄文史知識和文化資產價值的認識。

高雄市政府文化局近年在推動公眾參與考古方面不遺餘力。在左營舊城不僅舉辦多次公眾考古活動，場場爆滿，更於 2019 年再版劉益昌教授所著《歷史的左營腳步－左營舊城遺址考古》一書；如今鼓山崎腳考古發掘成績也即將面世。本書作者陳有貝教授及其團隊，稟承專業知識，頂著烈日進行發掘，並且辦理公眾考古活動，舉辦課程、擔任講師，勞苦功高。除感佩作者團隊的辛勞，也希望本書的呈現，能夠擴張高雄的考古幅員，拼湊出愈發完整的史前時代面貌，讓高雄市民對於鄉土有更多的認識和更大的熱情。

高雄市政府文化局　局長　林思伶

自序

　　鼓山崎腳考古遺址發現於民國 104 年，由於當時遺址即將面臨工程破壞，故根據「文化資產保存法」規定，進行了考古搶救發掘。本案由高雄市政府文化局委託國立臺灣大學人類學系進行，最終於 107 年時完成現場的搶救發掘工作，實際發掘面積共 1,296 平方公尺，出土內容以新石器時代考古遺留為主。

　　臺灣島內的考古調查工作至今已超過有百年以上的歷史，不過約自 70 年代開始，一般才普遍注意到考古文化資產本身的重要性，後來再配合國家「文化資產保存法」的實施，始真正能落實於文資保存工作。今日，凡是任何工程可能涉及遺址破壞，皆須依法先妥善處理各種考古埋藏，嚴謹程度已直追先進國家。

　　事實上，即使是考古學專業的研究者，過去也多只關注在學術研究方面，並未具體意識到考古工作在文化資產上的意義。而後，隨著與全民的共同成長，才發現原來研究的各種物質對象乃是人民共有的遺產，不容輕忽。於是，現代的考古工作者也多負有文資推廣的任務，常常在發掘過程

中辦理參觀活動，或參與未來的設計展示等，這都成為現代考古中必要的一環。

鼓山崎腳遺址的發掘當然也不例外，除了已實施的推廣活動與展示外，我想本書也是基於此一理念所計畫與發行。

本書主要內容原多採自鼓山崎腳遺址的「考古發掘報告書」，這是根據文資法規所必要完成的項目之一，該書主要撰寫作者是楊宏政與李抒敏，我是該計畫主持人並負責最後修訂。後來因有主管機關高雄市文化局等的規劃與推介，我才又將原報告略作增補，以完成本書。所謂「考古發掘報告書」，目的是希望將發掘過程與內容儘量忠實呈現，讓後續的研究者可以藉以分析探討。所以，書內性質略似資料合集，部分可能較屬專業或枯澀，此點尚請讀者諒解。另外，雖經幾次閱讀校正，然難免仍多錯誤，還望讀者不吝指出。

任何考古發掘向來都是一種團隊合作，有些人負責田野現場的發掘與記錄，有些負責出土遺物的清洗、整理、保存，還有些人是進行分類、研究或撰寫。除此，各界人士的協助、鼓勵也都缺一不可。換言之，本份報告其實可說是眾人共同努力的成果！故於此，謹代表臺大考古隊致最大感謝之意。

陳有貝

致謝

　　本計畫地點位於鼓山山腳下的臺泥廠區，發掘過程經歷烈日曝曬、沙塵飛揚及驟雨後的泥濘，感謝臺大考古隊全體發掘工作人員的辛勞付出，以及李侑芯小姐、吳林賢小姐、蕭吟庭小姐、洪悅小姐，與國立臺灣大學人類學系大學部同學毛卉嬡、林妍晴的參與。亦感謝開源營造股份有限公司林經理、王家豐先生、吳家賢先生，臺灣水泥公司林文福副理，高雄市政府水利局陳青宏先生等相關人員的協助，以及高雄市政府文化局於行政協調方面的支援與配合。此外，室內工作龐雜繁瑣，感謝陳筱姍小姐、劉芷廷小姐協助標本整理工作、黃奕翔先生協助標本測繪，使得本計畫得以順利完成。

目錄

圖目錄

圖版目錄

表目錄

圖表目錄

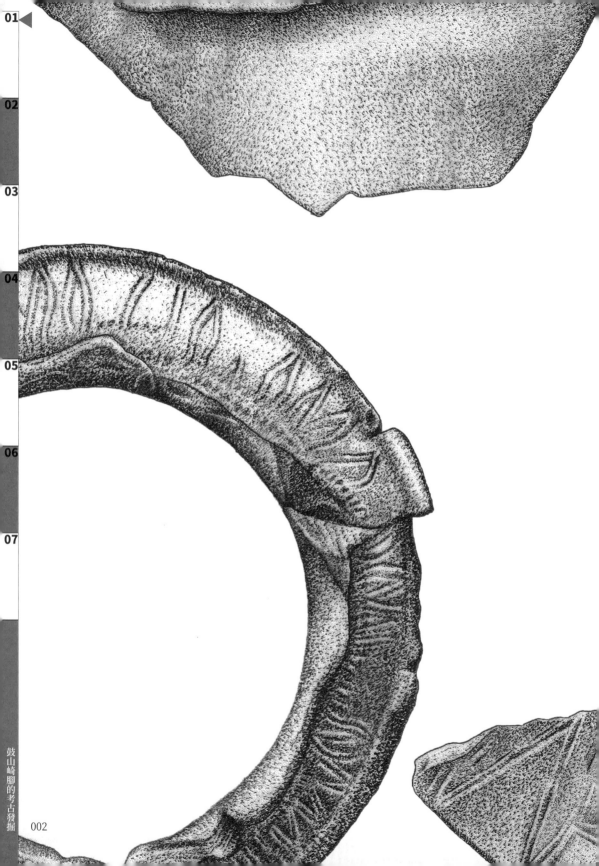

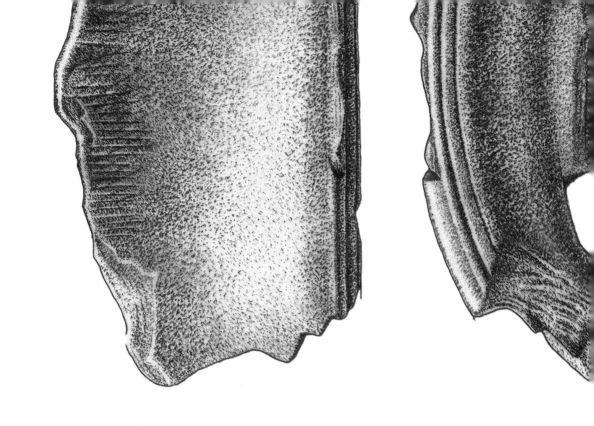

chapter 1

考古學與
鼓山崎腳遺址

壹、考古學與鼓山崎腳遺址

一、什麼是考古學

考古學是怎麼樣的一門學問？簡單而言，就是「利用古代的各種遺留以研究過去人類的文化與歷史」。而因為過去的各種遺留常常都已經封埋入土中，所以要靠著發掘才能獲得。

理論上，只要曾有人類活動的地方，一定會留下一些蛛絲馬跡，當然實際上並不是所有的東西都能原封不動地埋在地下，特別是如動、植物的骨骼、屍體等有機質極容易腐爛，能否保存都端視埋藏環境的條件。一般，只要是對研究有幫助、有意義的埋藏物都屬於考古資料，統稱為考古遺留。早期研究者多重視考古遺留中可見的「人造器物」，後來隨著相關學科的發達，才開始重視各種自然界的動、植物遺留，因為透過各種自然科學的分析方法，這類「生態遺留」也可以提供很多與人類生活相關的資訊。近來，甚至是土壤、礦物都成為新的「考古遺留」項目。

不過在考古學研究中特別要注意的是：雖然資料都是來自和人有關的物，但是它的目的毫無疑問是以人為

主題。換言之，人類的「文化與歷史」才是本學科的精神與目標，而凡是人類發展過程中相關累積下來各種有形無形的產物，都是考古學的對象。此說法或許若干偏向於理想，實際上要利用殘破的遺留資料來拼湊與理解過去並不容易。不過，這正是考古學具挑戰性與引人之處。

　　本遺址在數年前才因當地進行開發案而被人發現，隨後經過多次調查與評估。因應於考古資產的重要性，在我國所訂定之《文化資產保存法》中亦包含有考古遺址類別，並明定各種處理法規。例如，在開發工程之過程中若發現考古遺址，則應立即停工，並通報主管機關處理。故本於法律要求及愛護文化資產之精神，高雄市政府即委託國立臺灣大學人類學系進行了鼓山崎腳遺址的搶救發掘，隨後於 2019 年 3 月 31 日順利完成計畫，並審查通過計畫報告。而本版本即改寫、增補自原計畫成果報告。

二、鼓山崎腳遺址的調查與發掘

　　2013 年 6 月 28 日，高雄市都市計畫委員會審議通過「變更高雄市主要計畫部分工業區（工 23、工 25）及河道用地為住宅區、商業區、特定商業專用區及公園用地、園道用地、道路用地（臺泥鼓山廠區開發案）」（以下簡稱臺泥鼓山廠區開發案），以活化閒置工業區土地，增進土地利用效能並健全地區發展，並配合地區資源條件與周邊地區需求劃設公共設施用地，兼顧修復自然生態環境與提升地區民眾居住品質（臺灣水泥股份有限公司，2013）。

　　2015 年 5 月 28 日，臺泥鼓山廠區開發案變更都市計畫內之公共設施公 1 預定用地內，由庶古文創事業股份有限公司進行「高雄市鼓山區臺泥廠明渠及滯洪池工程」環境影響評估階段文化資產調查時，於施工地點發現史前陶片，隨即通報主管機關高雄市文化局，並協請施工單位暫時停工。6 月 10 日由高雄市文化局召開現場勘查會議，邀請委員及相關單位於發現地點進行會勘。該會中確認為具有原堆積的史前考古遺址，命名為「鼓山崎腳」遺址，並做出三點決議：「1. 本案依照《文化資產保存法》第 50 條及《遺址監管保護辦法》第 8 條，經考古學者專家現場勘查確認屬法定疑似遺址，其文化資產價值應進一步進行研究評估。2. 『臺泥廠區明渠及

滯洪池工程』施工範圍內，請水利局於工程進行時，採高強度監看（隨行監看），並於監看計畫函報主管機關文化局審查通過後始得復工。另施工範圍西側區域，採鑽孔探測，以利遺址範圍之釐清。3. 除前項區域外，臺泥鼓山廠開發案內土地，請臺灣水泥股份有限公司依《文化資產保存法》第 45 條規定進行遺址試掘評估計畫，以確認遺址範圍邊界及評估其文化資產價值，俾據以辦理後續事宜。」

　　根據以上第 2 點及第 3 點，高雄市水利局及臺灣水泥股份有限公司分別辦理：「高雄市鼓山區臺泥廠明渠及滯洪池工程『鼓山崎腳疑似遺址』施工監看暨鑽探計畫」（陸泰龍、周庭安，2016）及「臺泥鼓山廠變更高雄市都市計畫區鼓山・崎腳疑似遺址文化內涵與範圍研究計畫」（顏廷伃、郭意嵐，2017）。前者經監看計畫書核定後遂行復工，惟又因在監看過程中，於明渠工程西側鋼板樁施工斷面上之東西側鋼板樁之間土方發現陶片散布（圖版 1），並以機具探測 23 處探溝，其中 16 處發現遺物，分布深度約在 EL. 144~266 公分（圖版 2）。故同年 10 月 30 日再邀集文化遺址委員，辦理「高雄市鼓山區臺泥廠明渠及滯洪池工程監看發現遺址碎片現勘」會議，決議於工程範圍 0K+290~0K+450 渠道處（圖 1）停止工程施作，且須進行考古搶救發掘（陸泰龍、周庭安，2016）。

圖版 1　高雄市鼓山臺泥廠區水利局滯洪池工程明渠渠道遺物發現
　　　　資料來源：戴志家（2015），《台泥鼓山廠區開發案文化資產調查計畫崎腳疑似遺物出土地點初步
　　　　簡報》。

chapter 1

圖版 2　監看過程中以探溝探測發現陶片（黃色標籤處）
　　　資料來源：陸泰龍、周庭安（2016），《高雄市鼓山區臺泥廠區明渠及滯洪池工程『鼓山崎腳疑似
　　　遺址』施工監看暨鑽探計畫成果報告》。

圖 1　工程位置與搶救範圍

　　以上即為本計畫案辦理之緣起。依據計畫合約
內容，須遵循《文化資產保存法》相關規定，以滯洪
池工程開挖渠道範圍為準，進行考古搶救發掘，發掘
深度至史前文化層底，渠道發掘範圍寬約 8 公尺，而
0K+290~0K+450 渠道長度約 160 公尺，總面積約 1,280
平方公尺。

　　在計畫進行過程中，執行單位原定於 2017 年 3 月
17 日發掘申請通過後即進場作業，但於放樣過程發現搶

圖版 3 配合高雄市文化局考古教育
推廣研習課程導覽及解說

圖版 4 確認完成發掘現勘會議

救發掘範圍將會影響滯洪池工程車輛動線，且水利局另
有水土保持工程也須行經此區域，如又同時進行搶救發
掘工作，將有工安之疑慮。故經各方多次溝通後，於同
年 4 月 28 日由高雄市文化局召開協調會，各單位於現場
研討後，決議將搶救發掘進場時間延後至 8 月。而到了
7 月底因海棠颱風及西南氣流降雨影響，現場積水及淤泥
覆土皆須先由機具排除，故到 8 月 14 日始得開始發掘。

另因搶救範圍西北側末端 0K+450 處座落有滯洪
池明渠渠道石籠及土堤，為維護石籠及土堤穩固避免坍
塌，2017 年 11 月 7 日由高雄市文化局召開協調會，確
認搶救發掘須退縮預留安全距離，以維護滯洪池渠道石
籠。執行單位亦隨之調整發掘坑位，發掘範圍較明渠工

程所在略微向南北兩側擴張，在保持滯洪池攔水壩石籠
穩固前提下，維持計畫規劃之搶救發掘面積。同年 12 月
3 日文化局舉辦「國定鳳鼻頭（中坑門）遺址考古教育
推廣研習課程活動」，執行單位則配合協助於計畫現場進
行導覽及發掘解說，開放參與活動民眾體驗考古發掘（圖
版 3）。至 2018 年 4 月 14 日完成搶救發掘工作，期間經
歷 2017 年 8 月 25 日、11 月 7 日兩次現勘查核會議，及
2018 年 4 月 27 日完工現勘會議（圖版 4），確認已完成
所規劃之搶救發掘工作（實際完成 1,296 平方公尺）。

就結果而言，本發掘出土遺留以新石器時代牛稠子
文化為主，同時也於較深地層發現屬於年代較早的大坌
坑文化遺留。經過整理後，近現代遺物共 50 件，總重
719.6 公克；史前陶質遺留共 7,954 件，總重 189,077.7
公克，內容包含容器類，以及非容器類如陶環、紡輪與不
明陶質遺物等。石質遺留共 78 件，總重 8,672.0 公克，
包含斧鋤形器、石錛、石鏃、石刀、砥石、石錘等；生態
遺留如獸骨、魚骨及貝類等，總重 6,702.2 公克，獸骨以
鹿、豬為主，魚骨可見魚齒與脊椎骨，貝殼以牡蠣殼占絕
大部分。

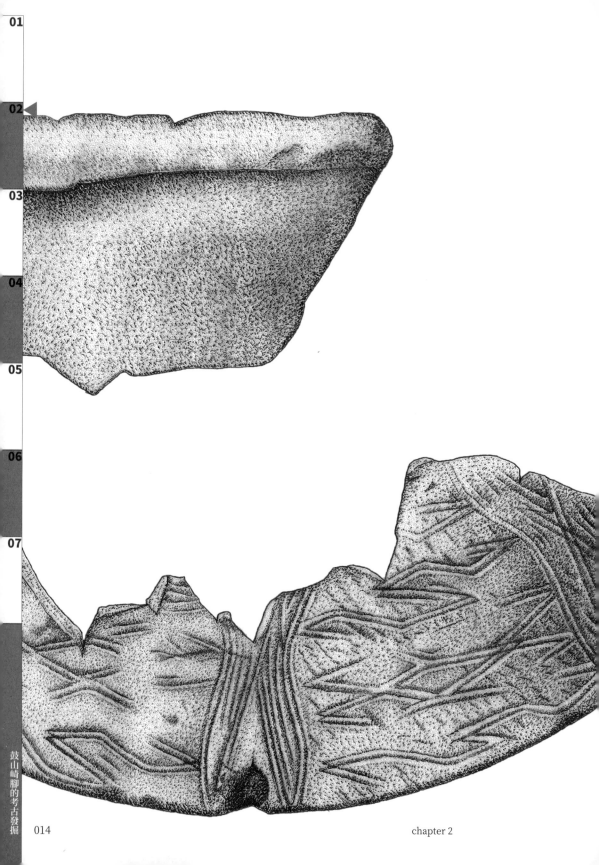

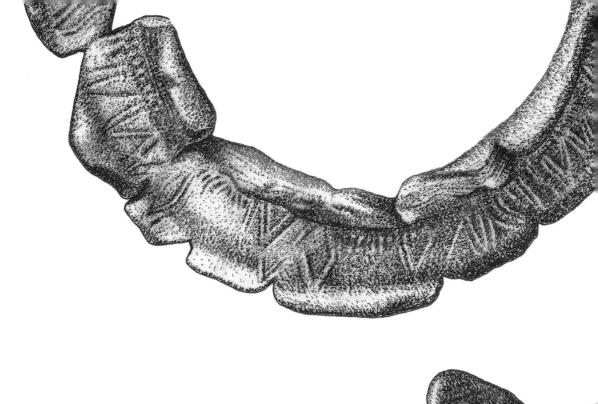

chapter 2

研究背景

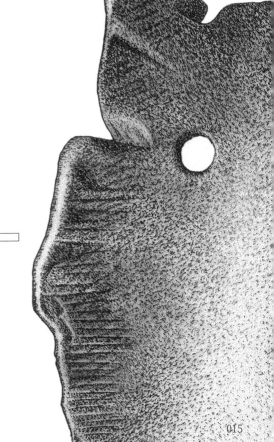

貳、研究背景

一、自然環境

　　人類的早期文化多為人和自然環境互動下的產物，故了解自然環境可說是認識史前文化的重要前提。此外，地質環境知識也有助於我們在遺址現場的發掘，以及對各種地層出土物的年代判斷等。

　　本計畫工作範圍位於高雄平原、壽山東側，行政區域隸屬於高雄市鼓山區。何春蓀（1986）將臺灣大致分為三個主要地理區，分別為中央山脈地質區、西部麓山地質區與海岸山脈地質區，若參考以上分類，則本遺址地點屬於西部麓山地質區內的濱海平原，由新生代第三紀末及第四紀之地層所組成。

　　壽山又稱萬壽山、高雄山，其地質構造屬於高位珊瑚礁地質，屬上新世至更新世的古亭坑層，推測為距今180萬年前的深海淤泥緩慢沈積而成，至125萬年前氣候變遷使得海平面上升、淺海珊瑚大量生長，逐漸堆積成鈣質岩層（高雄石灰岩層）。之後陸地抬升，河川挾來的大量砂石堆積在珊瑚上而形成崎腳層，至更新世晚期（30~47萬年前）造山運動而使堆積層發生褶皺、節理、斷層，8,000~1,000年前此區陸地開始形成，並在壽山

以東形成沖積平原（內政部營建署，2011）。故本區地層堆積依形成年代早晚，由下而上可分為古亭坑層、高雄石灰岩層、崎腳層、壽山石灰岩層、沖積層（黃耀能，1996；內政部營建署，2011）。

古亭坑層：由含有多量微體化石（如介形蟲、有孔蟲等）的深灰色泥岩所組成，頂部並有許多黃褐色的鬆散砂岩層插入，總厚度約 1,100 公尺左右。壽山除了西側海濱、東側臺泥採石場內與北側可見本層露頭外，大部分多為石灰岩岩塊、灌木及表土所覆蓋。

高雄石灰岩層：由灰白色—膚紅色的珊瑚石灰岩組成，由於早期為淺水環境，故珊瑚石灰岩由大量珊瑚、藻類有孔蟲或貝殼的殘留物所形成，部分夾有砂質黏土。就過去鑽探資料顯示，古亭坑層與高雄石灰岩之界面並不平整，在壽山中西部的厚度最厚，約可達 550 公尺，而南、北最薄，約 100 公尺。

崎腳層：分布於壽山地區東側及南側，上部為黃色鬆散細泥砂土層，岩質軟弱、膠結疏鬆，底部則為灰色泥岩。本層可能為海洋影響而形成的沈積物，在地層中含有豐富的浮游性及底棲性有孔蟲化石，並且有稀少的濱海相底棲種類。總厚度約 370 公尺。

　　壽山石灰岩層：分布於壽山地區東南側，由石灰岩碎屑及風化土壤所組成，可能為高雄石灰岩崩塌堆積層，並以不整合覆蓋於崎腳層上方，厚度由數十公尺至數十公分不等。由於岩層活動與地質節理特性，崩塌現象持續發生，最嚴重的一場大規模山崩發生於 1986 年 9 月 2 日，發生地點位於臺泥採石場西側，影響範圍約 20 公頃。

　　沖積層：為壽山地區最晚形成的地層，主要為棕紅色至黃褐色的黏土覆蓋層，厚度約 1.5~4.0 公尺。

　　根據 2016 年於本工程監看鑽探計畫中對明渠西側與北側地區的鑽探結果，除去回填土層後，地下沉積物大致可分為兩部分，上層為黃褐色泥質堆積與崩積層，下層則為灰黑色的泥質沈積物層。前者以黃棕色細粒泥質沉積物為主，摻雜石灰岩質粗砂，偶見大型礫石或石灰岩塊，厚度約 2~9 公尺，應屬前述之沖積層，並含有部分壽山石灰岩層；後者以灰黑色泥質沉積物為主體，具有海相貝類碎片，應屬前述之古亭坑層。根據該次鑽探岩心記錄與碳 14 定年分析結果，壽山東側鼓山地區一帶於 6,500 年前為潟湖沼澤環境，而本計畫下搶救發掘預定地點所在區域應為 6,000 年前開始形成陸地（陸泰龍、周庭安，2016）。

綜合以上資料與中央地質調查所公開資訊顯示，本計畫遺址地點所屬地質應以古亭坑層與沖積層為主（圖2）。

　　水系方面，本地點東南側為愛河（高雄川）流經之處（圖3），其源頭有二：一為高雄市與高雄縣鳳山市及鳥松鄉交界處，由東北向西南流動；其二發源自高雄市苓雅區之五塊厝、林德官之平原區。主流長12.42公里，流域面積104平方公里。下游一段為高雄水泥公司為載運泥土而挖掘成河，即為連接本計畫地點一段。

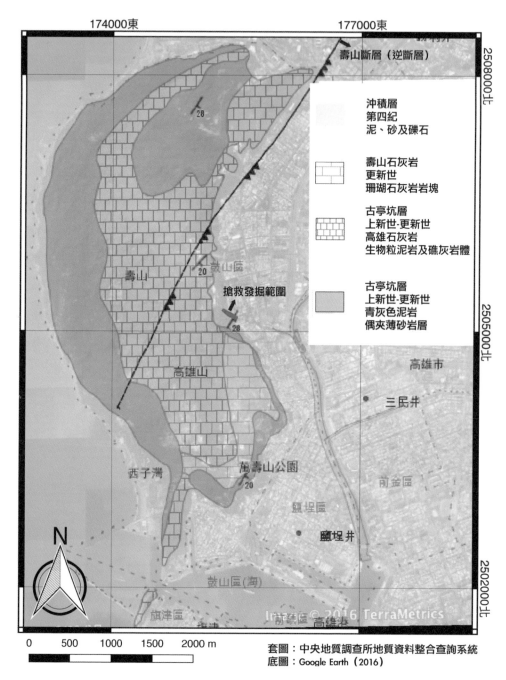

圖 2　本計畫地點地質套繪圖

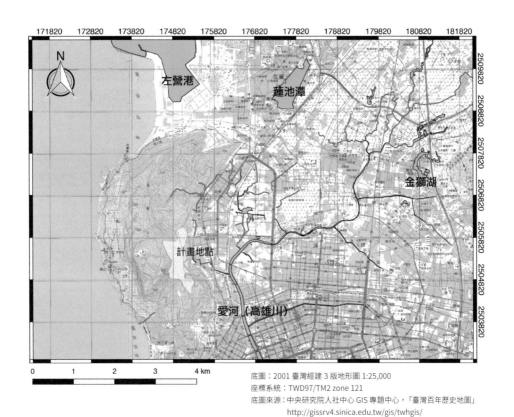

底圖：2001 臺灣經建 3 版地形圖 1:25,000
座標系統：TWD97/TM2 zone 121
底圖來源：中央研究院人社中心 GIS 專題中心，「臺灣百年歷史地圖」
http://gissrv4.sinica.edu.tw/gis/twhgis/

圖 3　本計畫地點周圍水系圖

二、人文背景

　　據目前研究結果可知，臺灣的史前時代最早可溯及距今約 3 萬年前的舊石器時代，其後約在 6,000 年前從西海岸平原地區開始進入新石器時代，到了距今約 2,000 年前則進入鐵器時代，而直到距今約 400 年前始進入有文獻記錄的歷史時代。在高雄地區雖尚無舊石器時代遺址的發現，不過從新石器時代早期開始即有相當完整的考古資料。而且在鼓山崎腳遺址一帶亦有多處已發現遺址，明白表示本地區之古代以來即有頻繁活動的人群，以及他們所留下豐富的史前文化。

（一）區域史前考古文化

　　臺灣地區考古工作始於日治時期，高雄地區亦不例外。早期有日本人類學者鳥居龍藏進行本地的考古遺址調查與研究。不過當時主要目的多是奉日本政府之命來臺調查山地與原住民族現況，因此發現的遺址也多在山區，如菅谷織右衛門、湯川鹿造曾在壽山邊緣採集過石器，但可惜未曾發表（劉益昌、陳玉美，1997）。到了 1930 年代，高雄平原地區的考古工作增加，新遺址也大量被發現，如土屋恭一於高雄中學校內採集石斧，並且於內惟龍泉寺（本計畫地點西北側約 400 公尺處）後方石灰岩洞穴發現一處史前遺址。

1960 年林朝棨（1960）根據過去調查資料，發表對於南部地區貝塚遺址的研究論文，相當有系統討論貝塚與其形成之地質背景；1965 年張光直於高雄市林園區（2010 年縣市合併前屬高雄縣林園鄉）鳳鼻頭遺址進行戰後首次正式考古發掘，揭露相當豐富的文化層堆積，同時提出以臺灣西南部平原地區為主的史前文化層序（Chang, 1969）。不過除此之外，當時高雄的考古調查研究主要仍集中在早期的研究成果，直至 1980 年代後由於經濟建設與開發迅速，伴隨著環境影響評估工作的開展與文化資產保存的重視，才促使考古調查工作增加。

　　在新資料的累積下，也逐漸構築起高雄地區史前文化的框架。大致上已知從新石器時代早期大坌坑文化起，其後依年代早晚與文化內涵差異可分為牛稠子文化、大湖文化／鳳鼻頭文化、蔦松文化等（以下敘述主要參考劉益昌，1985；臧振華、陳仲玉、劉益昌，1994；劉益昌、陳玉美，1997）。

　　新石器時代早期—大坌坑文化：年代距今約 7,000~4,700 年前，主要分布於海拔 30~40 公尺的丘陵地。陶器外表呈淺褐色、橙紅色，器形以罐、缽為主，頸部外側常有一道突脊為其特色，通常在頸部以下施有拍印繩紋；石器方面包括砝碼形網墜、磨製石刀、石鏃、砥石等。本區相關重要遺址有鳳山丘陵東南側林園區鳳

鼻頭遺址下層、丘陵西側的孔宅村、福德爺廟、六合等遺址。

　　新石器時代中期—牛稠子文化：年代距今約4,500~3,500 年前，在高雄地區主要分布於平原，或是略高的海岸臺地與丘陵邊緣。陶器主要為紅褐色夾砂陶與紅褐色泥質陶，並可見少量灰黑色泥質陶。器形常見罐、缽，亦有少量盆形器、瓶形器，部分帶有圈足與蓋。紋飾以細繩紋為主，此外也有少量彩繪與劃紋。除了陶容器之外，陶質器物亦可見工具類的陶紡輪以及裝飾用的陶環等。石器方面則相當多元，有大量如斧鋤形器、矛鏃形器、石刀、石針、網墜、石錛、石鎚等，以及少量玉製品。從特殊石材（板岩、橄欖石玄武岩、玉）的來源地分析，顯示本地與中央山脈、澎湖、花蓮等區域人群有互動行為。本區域相關遺址有桃子園、孔宅、福德爺廟、鳳山水庫、佛港、二橋、覆鼎金、左營 A 等遺址。

　　新石器時代晚期—大湖文化／鳳鼻頭文化：年代約距今 3,500~1,800 年前，在本區主要分布於高雄平原北部，如桃子園、左營 B、左營舊城等遺址。大湖文化之陶器以紅褐色夾砂陶與灰褐色泥質陶為主，器形可見罐、缽形器，並以素面無紋陶為多，但亦可見少量方格紋、刺點紋與劃紋，灰黑泥質陶則可見有豐富突出的紋飾。石器類型多元，可見大量工具類器形，以及少量飾品。

鳳鼻頭文化之陶器以褐色、橙色夾砂陶為主，少量泥質陶，並亦以素面陶為主流，但還是可見少量紋飾，並以彩繪紋為特殊。除大量石器工具外，亦有若干骨器、貝器等。

　　鐵器時代—蔦松文化：年代約距今 1,800~350 年前，本區主要分布於平原地區，如覆鼎金、內惟（小溪貝塚）、龍泉寺後洞穴、壽山公園第 I 地點、壽山公園第 II 地點、壽山公園第 III 地點、鳳山水庫、小港・大坪頂等遺址。陶器以紅色素面夾粗砂陶為主，器形常見侈口鼓腹罐與缽形器，多素面無紋，僅見極少量貝印紋。除了陶容器外，亦可見少量紡輪與灰黑色、紅色泥質陶環。石器數量漸少，可能已逐漸被鐵器所取代。

（二）相關考古遺址資料

　　鼓山崎腳遺址於臺泥廠區明渠及滯洪池工程進行時被發現，過去並無考古調查資料。據陸泰龍（2016）對於本地點施工監看與鑽探的成果，共採集 529 件陶質標本，其中以罐形器為主並帶有圈足，部分器表施有繩紋。其將陶類與口緣形式進行比對分析後，認為本遺址內涵應與牛稠子文化相近，年代可能在距今 5,000~4,500 年前。但因標本屬採集品，無明確層位資訊，因此仍待未來研究確認。

　　另地理區位上類似且鄰近本遺址，地點者共可見 7
處（劉益昌，1985；臧振華、陳仲玉、劉益昌，1994；
劉益昌、陳玉美，1997），分別為桃子園、柴山（龍泉寺
後洞穴）、內惟（小溪貝塚）、壽山公園第 I、II、III 地
點、左營舊城等遺址（圖 4）。

　　桃子園遺址：位於壽山北側舊桃子園聚落北側海濱，
遺物分布面積南北約 300 公尺。出土紅褐色與灰黑色陶
器、陶環、紡輪與若干石器、鹿角加工品，並可見貝塚與
甕棺，初步判定含有新石器中期與晚期兩個文化層。

　　柴山（龍泉寺後洞穴）遺址：位於內惟龍泉寺西側
約 100 公尺之壽山東側斜面較平坦緩坡。出土紅褐色素
面夾砂陶、磨製石斧、若干獸骨等，初步判定屬於鐵器時
代遺址。

　　內惟（小溪貝塚）遺址：位於壽山東麓斜坡，西側
為陡峭石灰岩壁，出土紅褐色夾砂陶、黑色陶環、貝輪以
及貝塚等，初步判定為鐵器時代早期遺址。1994 年臺閩
地區考古遺址普查報告中將 2. 與 3. 兩處遺址併為「龍泉
寺遺址」之兩地點。本遺址在距離上與計畫地點遺址最
為相近，直線距離約 400 公尺。

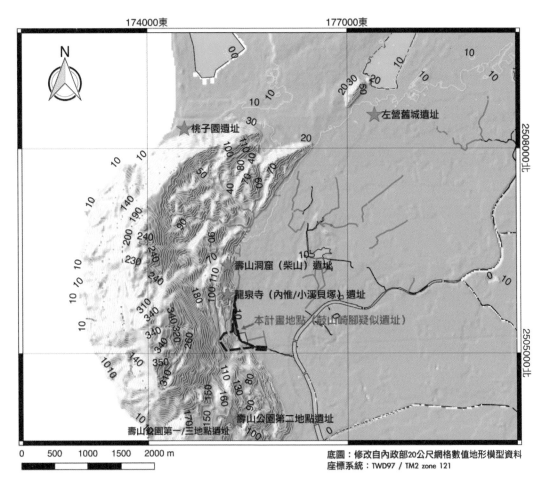

圖 4　本計畫地點與鄰近遺址分布圖

　　壽山公園第Ⅰ、Ⅱ、Ⅲ地點遺址：三處皆位於壽山公園內，位置相近且遺物都相當零星。僅見少量橙色素面夾細砂陶與貝殼，判定文化內涵屬鐵器時代。

　　左營舊城遺址：位於平原地帶，即清代左營鳳山舊城及其內圍所在位置。文化內涵涵蓋新石器早、中、晚三個時期，並且具有豐富的歷史時期（明、清）人群活動遺跡，早期漢人文化層相當深厚，為臺灣少見。

　　過去研究對於壽山地區史前文化內涵的理解多屬於鐵器時代，而該區域早期為西拉雅馬卡道亞族的活動範圍（吳進喜、施添福，1997），兩者之間或有所關聯。

（三）歷史時期相關資料

1. 資源開發

　　本區域相關的文獻資料最早可溯至 1603 年陳第所著〈東番記〉中「打狗嶼」的記錄。後於 17 世紀的荷治時期，在《熱蘭遮城日誌》中亦有關於「打狗」的記載，其中描述此地為熱鬧的漁場，特別是冬季烏魚南下的時候，更成為重要的捕魚地點（張守真，1986：4-10）。此外，漁民、荷屬東印度公司也經常到打狗載運石灰（江樹生，1999：433,435）。大約於此時期，陸續有漢人聚落出現，但初期數量不多，直到清治時期才開始有大批漢人進入。於 1894 年之《鳳山縣采訪冊》中記載本區域周邊之興隆里已有 20 個漢人村莊，本次發掘範圍即位於其中的「崎腳莊」（照史，1975：49-51）。

　　日治時期，「淺野水泥株式會社」高雄工廠 1913 年於柴山中段開採石灰石並興建廠房，1917 年水泥廠房完工，為臺灣首座水泥工廠。由 1904 年之《臺灣堡圖》可見場址位於柴山山腳，廠區範圍原先大部分皆為農作區，部分緊鄰坡面處則為崎腳莊、東安寮等村落。戰後，臺灣水泥公司成立並於 1946 年接手營運，為經濟部前資源委員會與臺灣省政府合營企業，至 1954 年轉為民營，1992 年停止採礦並於 1994 年停窯。

2. 早期族群

　　關於早期居民的相關記錄，於《熱蘭遮城日誌》中
有「打狗野人」的描述：「……在堯港附近遇見約兩百
個野人，裝備長槍、盾和砍刀，分成三隊，要跟該士官及
他的部下對抗，他們發現之後，立刻退回來，猜想那些是
打狗的野人，顯然是為要捉強盜而出來的。」（江樹生，
1999：178）〈永曆十八年（1664）臺灣軍備圖〉中亦
可見到打狗嶼內有「打狗番仔」（簡炯仁，2010：9-10），
但無法確定村舍地點。而後，於 1720 年之《鳳山縣志》
中，描述打狗社人受海盜林道乾迫害而遷居至屏東的阿
猴社：「打狗山，原有番居焉。至林道乾屯兵此山，欲遁
去，殺土番取膏血以造舟，番逃，而徙居於今之阿猴社，
水師之營壘在焉。」（陳文達，1961[1720]：5）

　　直到日治時期，伊能嘉矩（1904：301）將分布
於高雄及屏東北部平原一帶的早期住民定義為馬卡道
（Makatao）族，屬於臺灣平埔族中的一族。其後有語言
學者小川尚義（1944）及李壬癸（2010）根據語言的親
緣程度，將馬卡道族歸類為西拉雅族的分支。於早期歷
史文獻所記載的「打狗野人」、「打狗番仔」，應皆屬於馬
卡道族，然因受壓迫而大部分族社遷徙至屏東，其餘則
被消滅或是留居當地而同化。

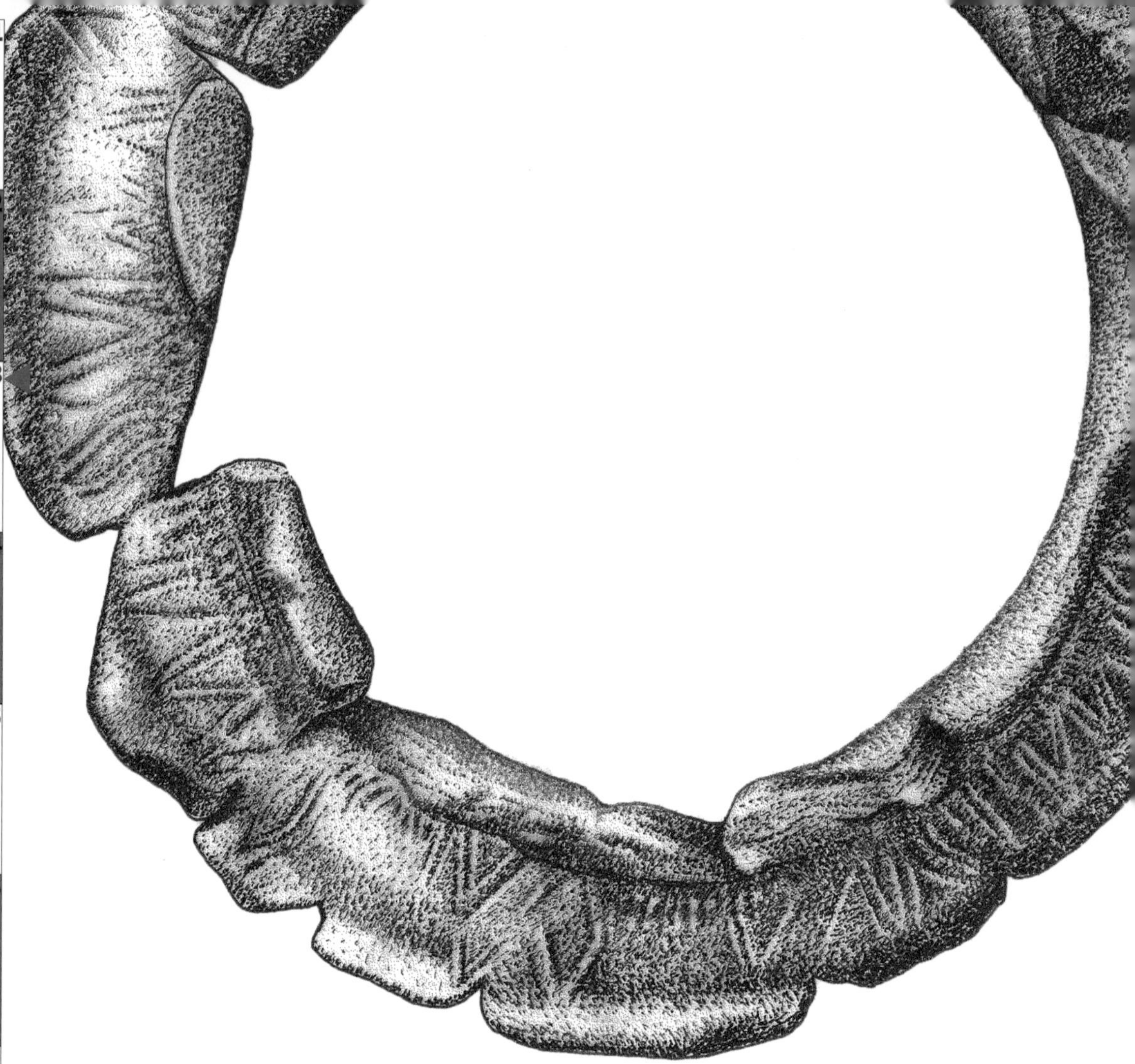

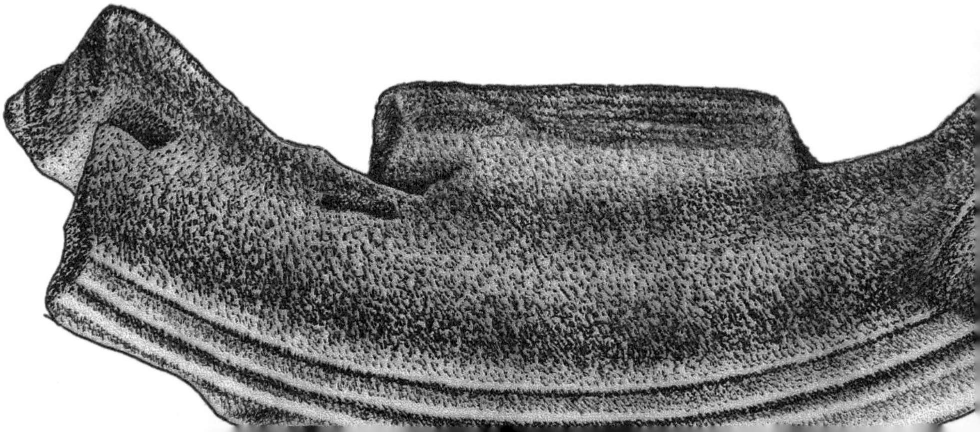

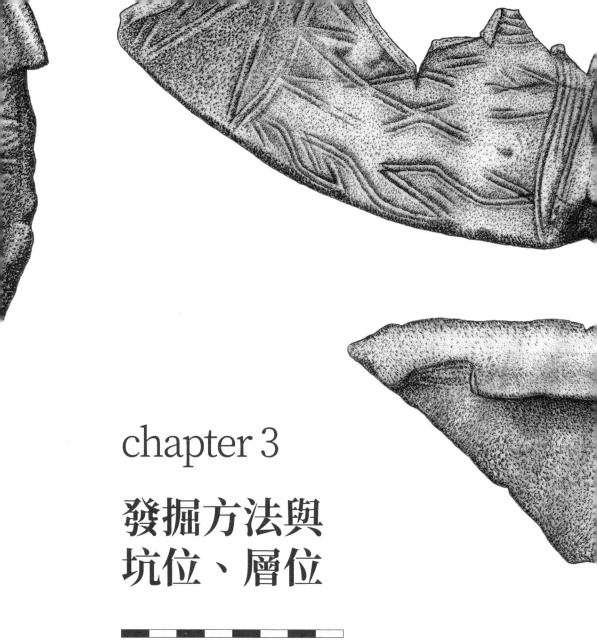

chapter 3

發掘方法與
坑位、層位

參、發掘方法與坑位、層位

一、發掘過程與方法

（一）田野工作：考古搶救發掘

　　本次的搶救發掘區域大致呈東南東—西北西走向之帶有彎道的長矩形，以 0K+376.986 處為界，以東屬於直線段，以西屬彎道段。以機具清除地表無遺物擾亂層覆土後，發掘規劃上首先進行直線段的試掘，本段規劃有 6 個試掘坑，分散於 0K+376.968 以東之發掘範圍內，分別為 TP1（P31 之 C 區）、TP2（P30 之 C 區）、TP3（P43 之 C 區）、TP4（P37 之 C 區）、TP5（P36 之 C 區）、TP6（P33 之 C 區）。在試掘完成並對地層有大致認識後，開始進行直線段之搶救發掘。待直線段完成搶救發掘後，再以機具清理 0K+376.968 處以西的彎道段表面覆土，隨後進行 4 個試掘坑的發掘，分別為 TP7（P45 之 D 區）、TP8（P46 之 B 區）、TP9（P47 之 D 區）、TP10（P48 之 A 區）。此段試掘坑是配合 4 個搶救發掘坑一併進行，完成試掘後再進行彎道段的搶救發掘（圖 6）。

　　發掘方法乃先以挖土機清理表層較厚的擾亂層，再以人力使用土工工具依照人工層位的方式，以每 10 公分

為一層向下發掘，直至無遺物出土之生土層。過程中若遇有現象如灰坑、墓葬等，則視狀態以一次發掘至現象結束。對於墓葬或先預留土臺，並以細小工具清理使之完整露出，部分將含土臺運回室內進行後續處理。

現場針對各發掘坑進行詳細的記錄，包含各層的坑底、坑界牆，以及如灰坑、墓葬或遺物等，皆留下詳細的影像、繪圖及文字記錄。

（二）室內工作：資料整理與分析

對於發掘出土的標本及田野記錄將於考古室內工作站進行整理與分析。標本方面包含標本清洗、分類、編號與登錄，部分特殊標本進行測繪及拍照等；發掘坑方面如地層、遺跡現象資料的整理與分析等。其中並選取適當的木炭、貝殼樣本送往臺大地質系及 Beta 實驗室定年，以獲得完整年代資訊。

（三）報告書撰寫

最後將綜合以上資料，撰寫本次發掘的相關報告，以將本次工作的內容與成果公開。

二、人工發掘探坑分布與地層狀態

本計畫原規劃針對鼓山臺泥廠區明渠及滯洪池工程之 0K+290~0K+450 渠道處進行工程考古搶救發掘，本段渠道在 0K+290~0K+376.968 處之直線段大致呈東南東—西北西走向，於 0K+376.968~0K+450 處則為彎道段，大致呈西北—東南的走向（圖 5）。然而執行過程中為避免鼓山滯洪池明渠石籠及土堤坍塌，故在經協調後，搶救範圍退縮至約 0K+435 處，並在維持坑位方向一致之情況下向兩側擴張，以維持原規劃發掘面積（圖 5）。發掘初期先以 0K+376.968 處將東側、西北側分別規劃為直線段、彎道段，先後依：直線段試掘、直線段搶救發掘、彎道段試掘、彎道段搶救發掘之順序完成。直線段 6 處及彎道段 4 處試掘坑與搶救發掘坑範圍皆重疊，於資料處理階段則將遺留編號改編，如：TP6 改編為 P33 之 C 區（圖 6）。

（一）坑位分布與面積

共劃定 88 個發掘坑，每個發掘坑面積依渠道大小而設定：明渠渠道之寬度約 8 公尺，因此其中 75 個發掘坑面積為 4 公尺見方，於渠道轉折處則有 11 個發掘坑面積為 2 公尺 ×4 公尺，及 2 個發掘坑面積為 2 公尺見方。所有發掘坑的方位皆為北偏東約 25°，發掘範圍總計 1,296 平方公尺（圖 6）。

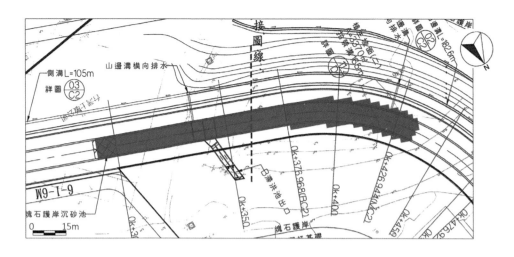

圖 5　明渠工程 0K+290~0K+450 搶救發掘範圍示意圖

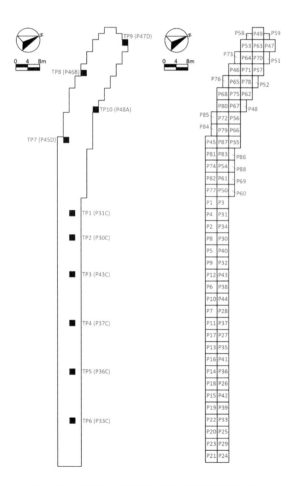

圖 6　坑位分布圖：試掘坑（左）及搶救發掘坑（右）

（二）地層概況

地層層序

　　根據發掘結果可見各個發掘坑的地層層位、堆積厚度略有差異，然堆積層序與內涵大致相同，並依地勢呈現自西南向東北傾斜。另外，由於發掘範圍早期為臺泥廠區，因此部分區域受到嚴重擾亂，例如於發掘範圍的東、西兩端皆受到大範圍的木樁基礎影響。

　　以下為依照土色、土質及內含物區分之地層概況，由地表向下分層敘述之：

1. **擾亂層：**受早期水泥廠及滯洪池工程所影響，土色花雜且可見壤土、砂及黏土混雜的情形。除了現代物如水泥塊、碎磚等，亦可見近代的瓷及硬陶碎片。部分擾亂影響較深，如木樁基礎甚至深達生土層。

2. **黑褐色壤土層：**原堆積層，土色呈黑褐色（2.5Y 3/1 brownish black）之壤土，部分區域受到現代擾亂，此層下緣開始出現陶片。

3. **橄欖褐偏黃褐色壤土層**：本層之含砂量較上層多，且部分發掘坑內可見石灰石砂礫，土色呈橄欖褐偏黃褐色（5Y 6/4 olive yellow），本層堆積厚度約40~60公分，遺物主要出土於本層上段，根據出土遺物內涵推測此層為上文化層，屬於牛稠子文化層。

4. **橄欖褐偏灰褐色壤土層**：本層之含砂量較上層減少，但石灰石砂礫的比例增加，土色呈橄欖褐偏灰褐色（5Y 4/2 grayish olive），且堆積厚度較上層薄，約 10~20 公分。於部分發掘坑可見少量遺物出土於本層，且與上層遺物的特徵略有不同。根據出土遺物內涵推測此層為下文化層，屬於大坌坑文化層。

5. **橄欖褐偏黃褐色壤土層含砂**：為無遺物出土之生土層，土色呈橄欖褐偏黃褐色，越往下越接近黃褐色（5Y 7/4 light yellow），且含砂量越高並逐漸轉為純砂。

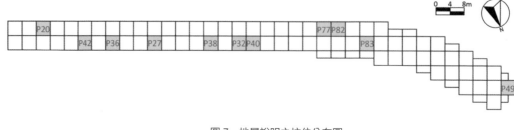

圖 7　地層說明之坑位分布圖

地層堆積

　　於大致相似的堆積層序中，可再依各發掘坑的出土
內涵細分為幾個類別：

1. 受近現代擾亂影響之發掘坑。
2. 包含遺跡現象之發掘坑。
3. 於橄欖褐偏灰褐色壤土層（前述第 4 層）出土遺
   物之發掘坑。

　　由於本計畫之發掘坑位數量多，且部分發掘坑地層
堆積相似度高，故以下在兼顧平均選樣原則下，僅就上
述類別選擇較具代表性之發掘坑，說明地層堆積狀態，
分別包括有 P20、P27、P32、P36、P38、P40、P42、
P49、P77、P82、P83 等（圖 7），共計 11 個發掘坑：

1. 受近現代擾亂影響之發掘坑

P38

(1)土色花雜，混合橄欖褐、青灰褐黏土、褐色壤土等，內含碎磚、瓦片、礫石、水泥塊等現代建築廢材，出土1件硬陶。本層應是受北側滯洪池水門工程所影響，範圍涵蓋發掘坑的北半側，深度超過1公尺且影響至生土層。

(2)黑褐色（2.5Y 3/1 brownish black）壤土，厚度約15公分，部分區域受到擾亂。此層下緣開始出現少量陶片。

(3)橄欖褐偏黃褐色（5Y 6/4 olive yellow）壤土含少量的砂，厚度約20~30公分，部分區域受到擾亂。此層上段出土史前陶片、1件紡輪，於本坑西北側有一灰坑（F6）自本層底向下打破（4）、（5）地層，內含較其他區域密集堆積的陶片，並出土少量獸骨碎片。

(4)橄欖褐偏灰褐色（5Y 4/2 grayish olive）壤土，厚度約15~20公分，部分區域受到擾亂，西北側被上層灰坑（F6）打破。本層遺物數量明顯較上層減少，出土少量陶片與獸骨。

圖版 5　P38 北牆照

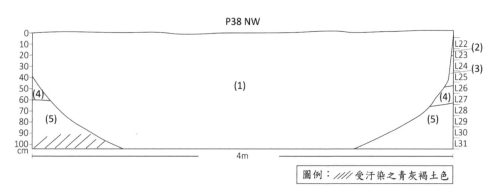

圖 8　P38 北牆繪圖

(5)橄欖褐偏黃褐色（5Y 7/4 light yellow）壤土含
　　砂，並有少量石灰石砂礫，至坑底含砂量明顯增
　　加，並可見土色混合不自然的青灰褐色（5B 5/1
　　bluish gray），應是受擾亂的油汙影響所致。西
　　北側上段被灰坑（F6）打破，此外僅於本層上緣
　　出土 1 件陶片及少量獸骨，至坑底則土質純淨而
　　無遺物出土。

圖版 6　P38 西牆照

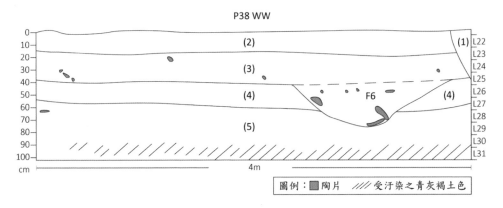

圖 9　P38 西牆繪圖

P49

(1)土色花雜，混合橄欖褐、青灰褐黏土、褐色壤土
等，內含碎磚、瓦片、礫石、水泥塊等現代建築
廢材。出土 13 根木樁基礎，排列於本坑東半側，
應屬於早期水泥廠之建材，深度超過 1 公尺而向
下打破數層地層，直至坑底仍持續。

(2)黑褐色（2.5Y 3/1 brownish black）壤土，厚度
約 20~25 公分，本層上段受擾亂，且東半側因木

圖版 7　P49 南牆照

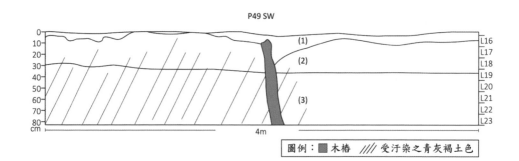

圖 10　P49 南牆繪圖

椿基礎影響而土色混雜青灰褐色（5B 5/1 bluish
gray），且青灰褐土伴隨油汙味，乃是受木椿相
關工程的油汙影響所致。此層下緣開始出現少量
陶片。

(3)橄欖褐偏黃褐色（5Y 6/4 olive yellow）壤土含
少量的砂，東半坑受到木椿基礎影響而土色混雜
青灰褐色（5B 5/1 bluish gray）。此層僅出土
少量的史前陶片及獸骨碎片，至坑底石灰石砂礫
的比例增加，土質純淨而無遺物出土。

圖版 8　P49 東牆照

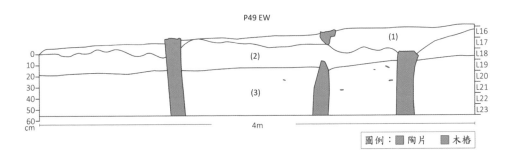

圖 11　P49 東牆繪圖

P32

(1)黑褐色（2.5Y 3/1 brownish black）壤土，厚度約 10~20 公分。此層下緣開始出現少量陶片。

(2)橄欖褐偏黃褐色（5Y 6/4 olive yellow）壤土含少量的砂，厚度約 30~35 公分，此層除了東南角之外，其餘區域之土色混雜不自然的青灰褐色（5B 5/1 bluish gray），應是受擾亂的油汙影響所致。本層出土陶片，且至本層底部陶片數量漸減。

圖版 9　P32 西牆照

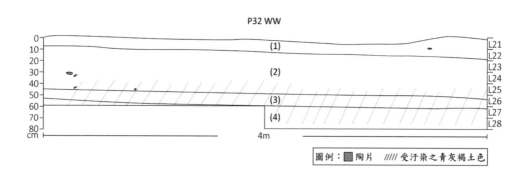

P32 WW

圖例：■ 陶片　　///// 受汙染之青灰褐土色

圖 12　P32 西牆繪圖

鼓山崎腳的考古發掘

chapter 3

(3)橄欖褐偏灰褐色（5Y 4/2 grayish olive）壤土，
　　厚度約 10 公分，擾亂影響之大面積青灰褐色（5B
　　5/1 bluish gray）仍持續。本層遺物數量明顯較
　　上層減少，僅於北側出土 6 件陶片及零碎獸骨，
　　因此於本層下緣起（L27）只發掘北半側之 A、
　　D 區。

(4)橄欖褐偏黃褐色（5Y 7/4 light yellow）壤土含
　　砂，並有少量石灰石砂礫，至坑底含砂量明顯增
　　加，擾亂之青灰褐色（5B 5/1 bluish gray）仍
　　持續。土質純淨而無遺物出土。

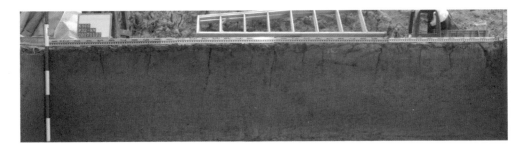

圖版 10　P32 北牆照

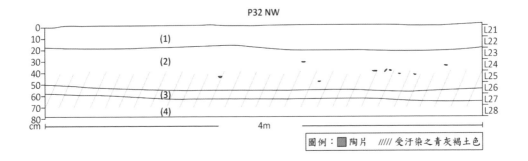

圖 13　P32 北牆繪圖

P40

(1)黑褐色（2.5Y 3/1 brownish black）壞土，厚度約 10~20 公分，上段部分區域擾亂嚴重而土色花雜，東南側（C 區）有一擾亂呈矩形區塊（圖版 12），內含水泥塊與鐵條，此擾亂至坑底仍持續（圖版 13）。此層下緣開始出現少量陶片。

(2)橄欖褐偏黃褐色（5Y 6/4 olive yellow）壞土含少量的砂，厚度約 30~35 公分，東半側之土色混雜不自然的青灰褐色（5B 5/1 bluish gray），應與東側 P32 相同為受擾亂的油汙影響所致。本層出土陶片，且至本層底陶片數量漸減，僅餘東半側有 6 件陶片出土。

(3)橄欖褐偏灰褐色（5Y 4/2 grayish olive）壞土，厚度約 10 公分，擾亂影響之大面積青灰褐色（5B 5/1 bluish gray）仍持續。本層遺物數量明顯較上層減少，僅出土零星陶片。

(4)橄欖褐偏黃褐色（5Y 7/4 light yellow）壞土含砂，並有少量石灰石砂礫，至坑底含砂量明顯增加，擾亂之青灰褐色（5B 5/1 bluish gray）仍持續。本層上緣出土零碎獸骨，至坑底土質純淨而無遺物出土。

圖版 11　P40 北牆照

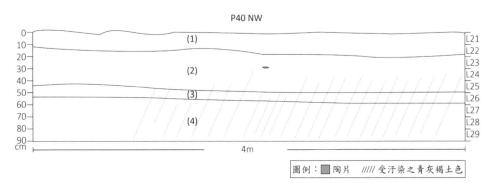

圖 14　P40 北牆繪圖

圖版 12　P40 L21 坑底照（框選處為受擾亂區域）

擾亂

橄欖褐混雜青灰褐色
（5B 5/1 bluish gray）

橄欖褐偏黃褐色
（5Y 7/4 light yellow）

圖版 13　P40 L27 坑底照

2. 包含遺跡現象之發掘坑

P20

(1)土色花雜，混合橄欖褐、青灰褐黏土、褐色壤土
　等，內含礫石、水泥塊等，位於本坑西南角並影
　響至生土層。

(2)橄欖褐偏灰褐色（5Y 4/2 grayish olive）壤土，
　厚度約 15 公分，上段受擾亂影響，且因地勢為
　由南向北傾斜，本層僅見於南側。有 5 件石灰石
　塊散布於東南側。此層出土零星陶片，西南側部
　分區域受灰坑（F1）打破，灰坑內有密集堆積之
　陶片及貝殼。

(3)橄欖褐偏黃褐色（5Y 6/4 olive yellow）壤土含
　少量的砂，厚度約 30~35 公分，西南角受到擾亂，
　上緣受灰坑（F1）打破。此層僅出土零星陶片及
　少量貝殼碎片。

(4)橄欖褐偏灰褐色（5Y 4/2 grayish olive）壤土，
　厚度約 15~20 公分，西南角受到擾亂。本層北側
　有零星陶片出土，南側僅於本層上緣出土 3 件陶
　片，因此於本層下段起（L35）僅發掘北側之 A、
　D 區。

(5)橄欖褐偏黃褐色（5Y 7/4 light yellow）壤土含
　砂，並有大量石灰石砂礫。本層上緣出土 1 件陶
　片及 1 件獸骨，至坑底則土質純淨而無遺物出土。

圖版 14　P20 南牆照

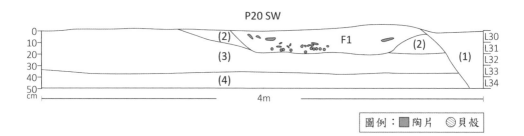

圖 15　P20 南牆繪圖

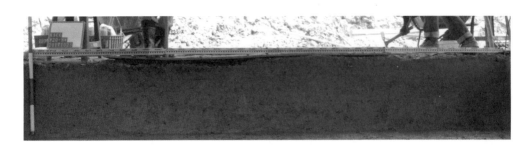

圖版 15　P20 北牆照

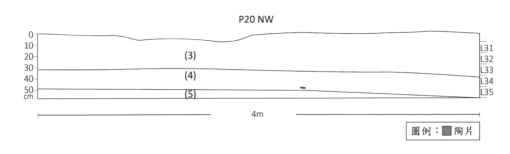

圖 16　P20 北牆繪圖

P27

(1)黑褐色（2.5Y 3/1 brownish black）壤土，厚度約 30~40 公分。此層下緣開始出現少量陶片。

(2)橄欖褐偏黃褐色（5Y 6/4 olive yellow）壤土含少量的砂，厚度約 25~30 公分，本層出土許多陶片，且東北側於本層上段有陶片密集區（圖版 18）。西北側則有一灰坑（F4）自本層底向下打破（3）地層，內含較密集堆積的陶片。

圖版 16　P27 北牆照

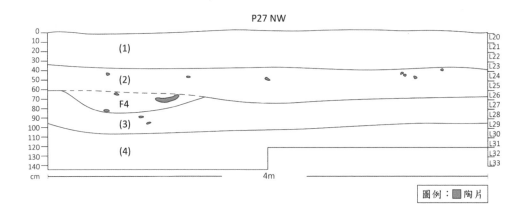

圖 17　P27 北牆繪圖

(3)橄欖褐偏灰褐色（5Y 4/2 grayish olive）壤土，
　　厚度約 30~40 公分。本層上緣受灰坑（F4）打
　　破，此外遺物數量明顯較上層減少，僅出土零星
　　陶片及獸骨。

(4)橄欖褐偏黃褐色（5Y 7/4 light yellow）壤土含
　砂，有少量石灰石砂礫並隨著深度漸增，至坑底
　含砂量明顯增加。本層上緣出土 5 件陶片及零
　碎獸骨，下段僅西南側有零碎獸骨出土，因此於
　L33 起僅發掘西半坑，至坑底土質純淨而無遺物
　出土。

圖版 17　P27 西牆照

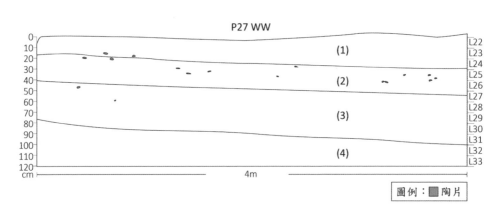

圖 18　P27 西牆繪圖

圖版 18　P27 L25 坑底照（左下角為密集陶片堆積）

P36

(1)黑褐色（2.5Y 3/1 brownish black）壤土，厚度約 15 公分，此層下緣開始出現少量陶片。

(2)橄欖褐偏黃褐色（5Y 6/4 olive yellow）壤土含少量的砂，厚度約 35~40 公分。本層出土許多陶片，於西北側有一灰坑（F3）自本層底向下打破（3）、（4）地層，內含密集堆積的陶片、獸骨、碳及火燒紅土。

(3)橄欖褐偏灰褐色（5Y 4/2 grayish olive）壤土，厚度約 45~50 公分。本層部分受灰坑（F3）打破，此層開始東半坑土色混雜不自然的青灰褐色（5B 5/1 bluish gray），應是來自東側 P26 受擾亂的油汙及木樁基礎影響。此外遺物數量明顯較上層減少，僅出土零星陶片及獸骨。

(4)橄欖褐偏黃褐色（5Y 7/4 light yellow）壤土含砂，有少量石灰石砂礫並隨著深度漸增，至坑底含砂量明顯增加。本層部分受灰坑（F3）打破，除上緣出土 2 件陶片及零碎獸骨外，至坑底土質純淨而無遺物出土，自 L35 僅就灰坑（F3）範圍向下發掘至灰坑結束。

圖版 19　P36 北牆照

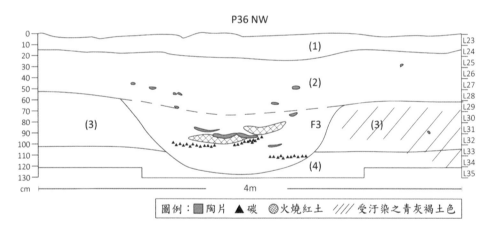

圖 19　P36 北牆繪圖

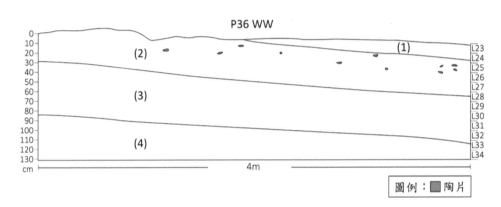

圖版 20　P36 西牆照

圖 20　P36 西牆繪圖

3. 於橄欖褐偏灰褐色土層出土遺物之發掘坑

P42

(1)土色花雜，混合橄欖褐、青灰褐黏土、褐色壤土等，內含礫石、水泥塊等。

(2)黑褐色壤土，厚度約 15 公分，大部分受擾亂。此層下緣開始出現零星陶片。

(3)橄欖褐偏黃褐色（5Y 6/4 olive yellow）壤土含少量砂，厚度約 35~50 公分，西南角及北側上段受擾亂。出土陶片、貝殼，且有一大型灰坑（F2）位於坑中央偏南，開口大致呈圓形，直徑達 230 公分，深度大約開始於 L29，縱剖面呈淺坑狀而縱深約 90 公分，向下打破（4）~（9）地層，內含物豐富，包含數件近完整陶容器、密集堆積的陶片及獸骨。

(4)、（6）、（8）橄欖褐偏灰褐色（5Y 4/2 grayish olive）壤土，與（5）、（7）、（9）地層間隔堆積。厚度約 10~15 公分，土質含少量石灰石砂礫，南側部分受灰坑（F2）打破，於（4）地層陶片數量明顯較上層減少，僅出土少量陶片。

（5）、（7）、（9）橄欖褐偏黃褐色（5Y 7/4 light yellow）壤土含砂，並有大量石灰石砂礫，與（6）、（8）地層間隔堆積。南側部分受灰坑（F2）打破，於（5）地層出土零星陶片，此外至坑底土質純淨無遺物出土。

圖版 21　P42 北牆照

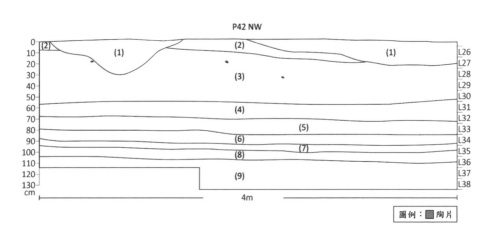

圖 21　P42 北牆繪圖

chapter 3

P77

(1)黑褐色（2.5Y 3/1 brownish black）壤土，厚度約 10 公分。

(2)橄欖褐偏黃褐色（5Y 6/4 olive yellow）壤土含少量的砂，厚度約 60 公分，於東側部分區域受擾亂而土色花雜。本層出土許多陶片，於 L15 有較完整的陶片出土，陶片數量隨深度漸減，至本層底僅零星陶片出土。本層下段於 L18 起在西南側出現密集的黃褐色小礫石，呈帶狀堆積而走向呈東北—西南，厚度約 15~20 公分，此帶狀區域出土的陶片明顯較其他區域密集，可能曾經是水流經之處。

(3)橄欖褐偏灰褐色（5Y 4/2 grayish olive）壤土，厚度約 30 公分，本層僅出土零星陶片與獸骨，陶片特徵為淺褐色夾灰黑胎，與上層主要出土之淺橙色陶片明顯不同。於本層下緣僅北側出土零星陶片，因此自 L22 起只發掘北半坑。

(4)橄欖褐偏黃褐色（5Y 7/4 light yellow）壤土含砂，有少量石灰石砂礫並隨著深度漸增，至坑底土質純淨而無遺物出土。

圖版 22　P77 南牆照

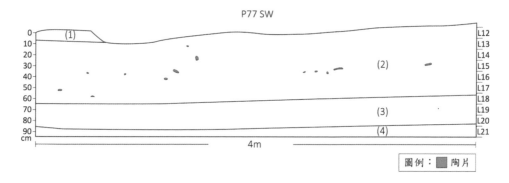

圖 22　P77 南牆繪圖

　　　　　　　　　　　　　　　　　chapter 3

圖版 23　P77 西牆照

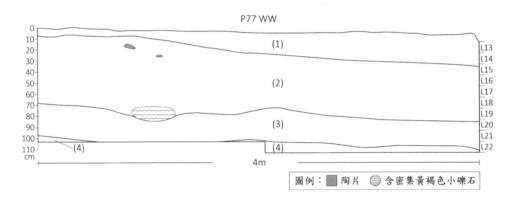

圖版 23　P77 西牆繪圖

黃褐色小礫石
之帶狀區域

圖版 24　P77 L19 黃褐色小礫石分布之帶狀區域

P82

(1)橄欖褐偏黃褐色（5Y 6/4 olive yellow）壤土含少量的砂，厚度約 60 公分，出土許多陶片、零星獸骨，並於 L13 南側出土 1 件磨製石錛、L15 東側出土 1 件砥石。本層下段於 L16 起，自西南角出現密集的黃褐色小礫石，伴隨密集的陶片出土，隨著深度逐漸向東側延伸至 P77，厚度約 10~20 公分，可能曾經是水流經之處。

(2)橄欖褐偏灰褐色（5Y 4/2 grayish olive）壤土，厚度約 20~25 公分，南側上緣為黃褐色小礫石層之堆積。本層陶片數量明顯減少，僅出土零星陶片與 1 件魚骨。

(3)橄欖褐偏黃褐色（5Y 7/4 light yellow）壤土含砂，有少量石灰石砂礫並隨著深度漸增，至坑底土質純淨而無遺物出土。

圖版 25　P82 南牆照

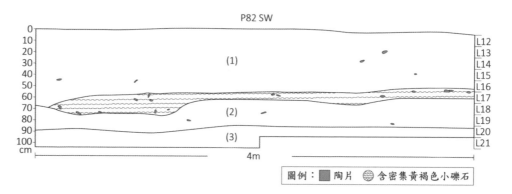

圖 24　P82 南牆繪圖

圖版 26　P82 L17 坑面呈現之地層分層

P83

(1)黑褐色（2.5Y 3/1 brownish black）壤土，厚
度約 20 公分，上段受擾亂影響，東南側有一鑽
探孔深度超過 1 公尺，應是之前監看調查的鑽探
孔。本層下緣開始出土少量陶片。

(2)橄欖褐偏黃褐色（5Y 6/4 olive yellow）壤土含
少量的砂，厚度約 60 公分。本層出土許多陶片，
以及 1 件陶紡輪與 1 件陶蓋把，遺物數量隨深度
漸減，至本層底部無遺物出土。於 L14 西側有一
灰坑（F7），灰坑的開口呈現圓形，直徑約 60
公分，縱剖面呈淺坑狀而縱深約 25 公分，灰坑
內出土少量陶片。鄰近灰坑之西南側可見黃褐色
小礫石伴隨著密集的陶片堆積，厚度約 20 公分。

(3)橄欖褐偏灰褐色（5Y 4/2 grayish olive）壤土，
厚度約 20~25 公分，有少量石灰石砂礫。本層上
緣於東北側出土一近完整之陶罐口緣，其鄰近南
側亦出土少量陶片（圖版 29），兩者皆為淺褐色
陶片夾灰黑胎，具明顯大坌坑文化之特色，與上
層主要出土之淺橙色陶片明顯不同。除此，本層
僅見零星少數之陶片與獸骨。

鼓山崎腳的考古發掘

(4)橄欖褐偏黃褐色（5Y 7/4 light yellow）壤土含
　　砂，有少量的石灰石砂礫並隨著深度漸增。本層
　　僅出土少數零星的獸骨，至坑底處土質純淨而無
　　遺物出土。

圖版 27　P83 北牆照

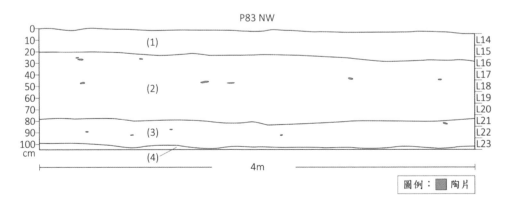

圖 25　P83 北牆繪圖

圖版 28　P83 西牆照

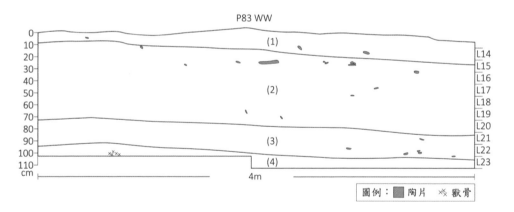

圖 26　P83 西牆繪圖

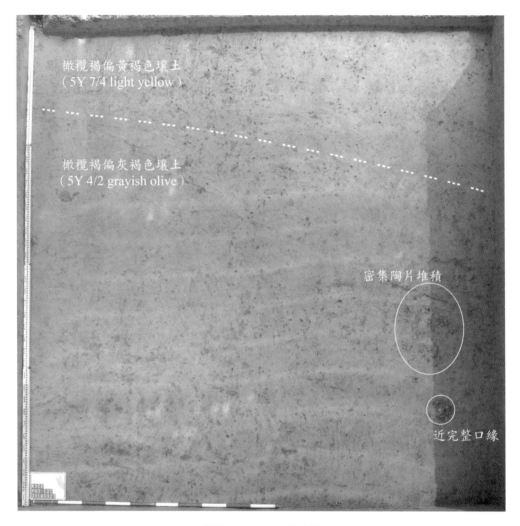

橄欖褐偏黃褐色壤土
（5Y 7/4 light yellow）

橄欖褐偏灰褐色壤土
（5Y 4/2 grayish olive）

密集陶片堆積

近完整口緣

圖版 29　P83 L21 坑底照

三、小結

　　綜合上述，可以確認鼓山崎腳遺址之地層層序。其中的黑褐色（2.5Y 3/1 brownish black）壤土層上段通常被擾亂所影響，而史前遺物即於下緣開始零星出現，並主要集中出土於橄欖褐偏黃褐色（5Y 6/4 olive yellow）壤土層，即上文化層，出土遺物包含陶片、石器、獸骨等，陶片具有牛稠子文化之特徵。

　　部分的發掘坑之上文化層亦受擾亂影響，本層遺物數量隨深度漸減，多數於底部無遺物出土。上文化層下段亦可見墓葬、灰坑等遺跡現象，灰坑深度不一並打破下方地層，內含較密集的陶片堆疊及獸骨。部分灰坑可見碳及火燒紅土密集堆積。

　　再下方為橄欖褐偏灰褐色（5Y 4/2 grayish olive）壤土層，堆積厚度較薄，部分發掘坑於本層可見少量遺物出土，且與上層遺物的特徵明顯不同，具有大坌坑文化的特色，判定為下文化層。

　　更下方為橄欖褐偏黃褐色壤土層含砂，屬生土層，無遺物出土，有大量的石灰石砂礫，深度越往下則土色越接近黃褐色（5Y 7/4 light yellow），含砂量越高並逐漸轉為純砂。

整體的地勢呈現略微傾斜，北側地層皆較南側略低，以約渠道工程 0K+380 處（P77、P82）地勢最高，並往北、東、西側傾斜。

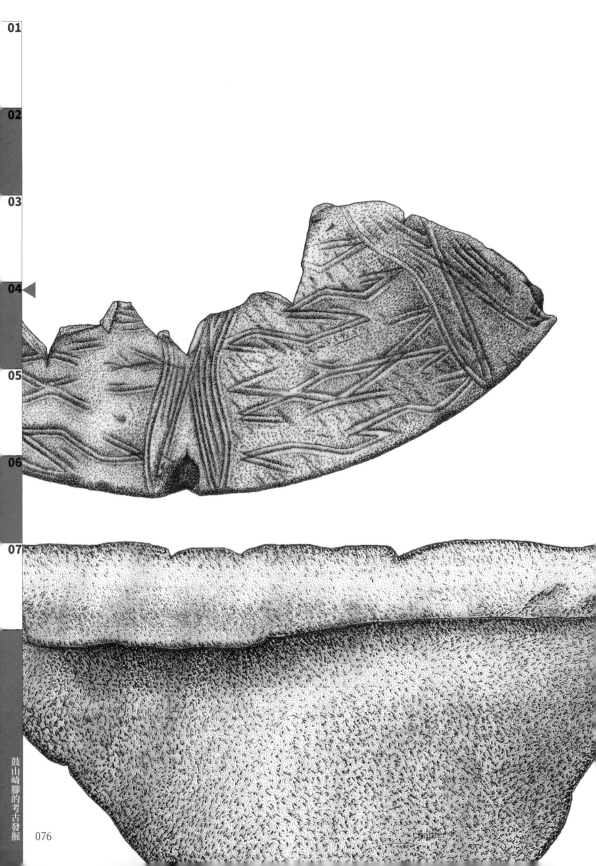

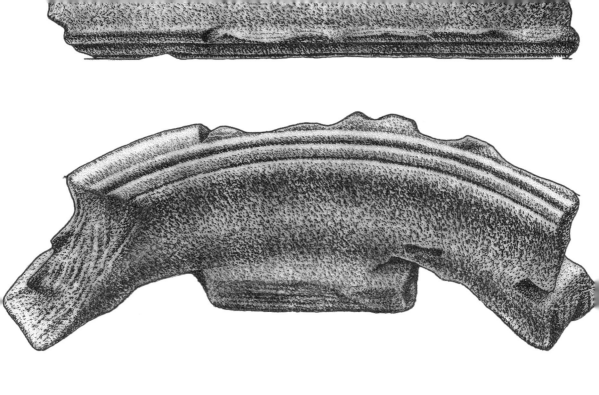

chapter 4

遺跡現象與遺構

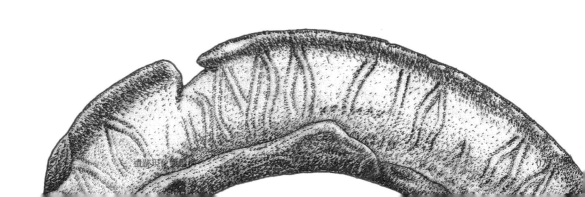

肆、遺跡現象與遺構

　　本次發掘範圍內，共出土 8 座近現代的木樁基礎，以及 8 個史前灰坑、2 具史前墓葬（圖 27），以下分述之：

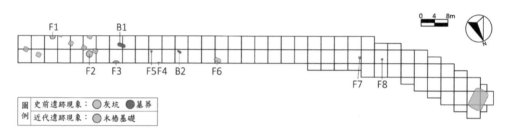

圖 27　鼓山崎腳遺址之遺跡現象分布圖

一、近現代遺跡現象

（一）木樁基礎

　　於發掘範圍之東、西兩端皆有規律排列之木樁結構，單支木樁直徑約 15~20 公分，自黑褐色壤土層下緣起向下到達生土層，超過史前文化層深度。木樁基礎周圍呈現不自然的青灰褐色（5B 5/1 bluish gray）土色，並常向外滲透，擴及無木樁的區域。木樁群聚排列的形式皆為矩形，推測是早期水泥廠區內相關建築基礎。

1. 西側木樁基礎

涵蓋範圍包含 P49、P59、P58、P53、P63、P47 等
發掘坑，青灰褐色土色向東擴散超過 20 公尺，影響達發
掘坑 P56、P72。木樁彼此間隔約 60~80 公分並排列成
矩形，整體範圍長約 6.5 公尺、寬約 4.5 公尺，長邊為東
北—西南向。

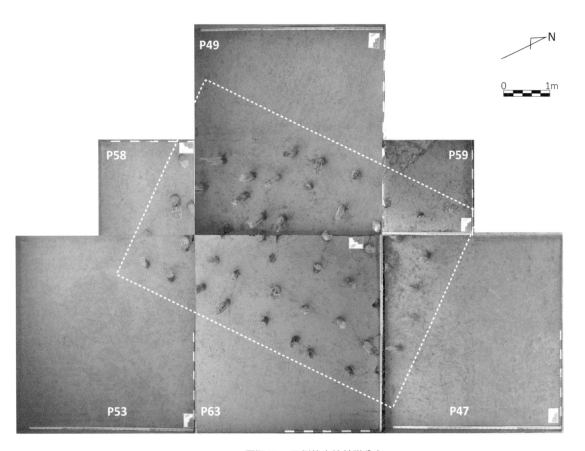

圖版 30　西側的木樁基礎分布

圖版 31　P49 L20 坑底照

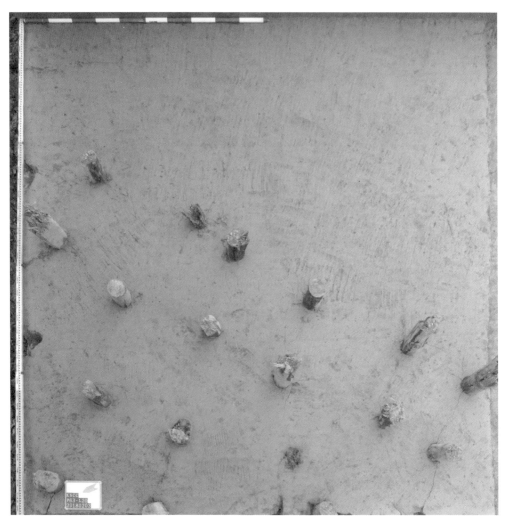

圖版 32　P63 L20 坑底照

2. 東側木樁基礎

　　共 7 座涵蓋範圍較小之木樁基礎，分別位於：P21
與 P24 的交界、P29 的中央、P22 的南側、P22 與 P19
的交界、P19 與 P15 與 P42 的交界、P18 的南側，以及
P15、P18、P26、P42 的交界等處。通常為 9 根或 16 根
木樁形成一座基礎，木樁彼此間隔約 40 公分排列成正方
形，單座基礎範圍邊長約 100~140 公分。此處木樁於發
掘範圍內形成二至三道東南—西北向之基礎結構。

1.P18 L30 坑底照

2.P25 L35 坑底照

3.P26 L35 坑底照

4.P29 L34 坑底照

圖版 33　東側木樁基礎

二、史前遺跡現象

（一）灰坑

　　於本次發掘範圍內共計有 8 處坑狀遺跡，土色深黑、土質較黏且皆呈淺坑狀（表 1）。灰坑內出土遺物多樣，以陶片為主，亦有生態遺留如貝類、獸骨等，少數有碳或火燒紅土。整體而言，灰坑大小不一，空間分布零散，根據出土內容物判斷，應皆屬於古代丟棄垃圾的垃圾坑。不過其中內容物不盡相同，亦有無遺物出土而功能不明者，以下分別敘述之。

表 1　鼓山崎腳遺址灰坑資訊表

現象編號	坑位	開口直徑 (cm)	開口形狀	縱剖面形狀	起始層位	起始海拔 (m)	結束層位	結束海拔 (m)	總深度 (cm)	出土遺物
F1	P20	168	圓形	淺坑狀	L29	1.31	L31	1.15	16	陶片、貝殼
F2	P42	230	圓形	淺坑狀	L29	1.35	L38	0.45	90	近完整陶容器、陶片、獸骨
F3	P36	200	圓形	淺坑狀	L29	1.32	L35	0.72	60	陶片、獸骨、碳、火燒紅土
F4	P27	100	不明	淺坑狀	L26	1.69	L28	1.49	20	陶片
F5	P27	50	圓形	淺坑狀	L22	2.10	L27	1.60	50	無
F6	P38 P43	180	橢圓形	淺坑狀	L25	1.70	L31	1.15	55	近完整陶容器、陶片、石器、獸骨、魚骨
F7	P83	60	圓形	淺坑狀	L13	2.95	L15	2.70	25	陶片
F8	P79	50	圓形	淺坑狀	L20	2.25	L22	2.05	20	獸骨

F1

　　位於 P20 的南側，灰坑的一半在坑內，另一半則在發掘範圍之外。開口形狀大致呈圓形，直徑約 168 公分，實際開口深度受擾亂影響，可確認之開口深度大約在 L29 之海拔 1.31 公尺處。縱剖面呈淺坑狀，縱深約 16 公分，內含物不多，以貝殼為主並有少量陶片（圖版 34、圖版 35、圖 28）。

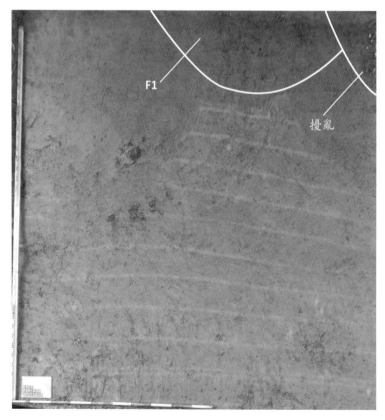

KSCC
P20-L30
2017.10.18

圖版 34　P20 L30 坑底照

圖版 35　P20 南牆照

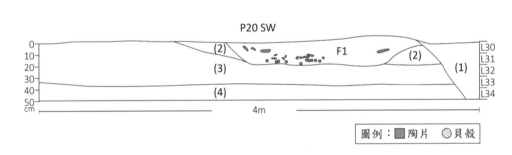

圖 28　P20 南牆繪圖

鼓山崎腳的考古發掘

F2

　　位於 P42 的中央偏南的大型灰坑，開口大致呈圓
形，直徑達 230 公分，開口深度大約是 L29 之海拔 1.35
公尺，縱剖面呈淺坑狀，縱深約 90 公分，內含物豐富，
包含數件近完整陶容器、密集堆積的陶片及獸骨（圖版
36）。

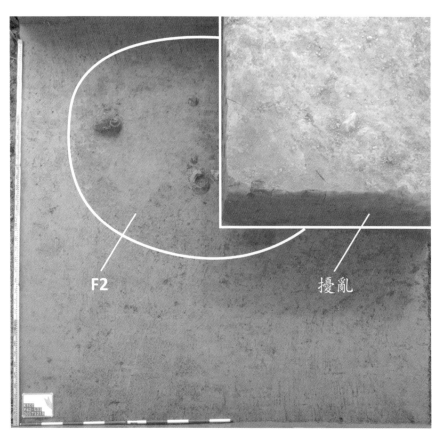

KSCC
P42-L33
2017.12.18

圖版 36　P42 L33 坑底照（灰坑內可見陶容器破片）

F3

　　位於 P36 的北側，灰坑的一半在坑內，另一半則在發掘範圍之外。開口大致呈圓形，直徑達 200 公分，開口深度大約是 L29 之海拔 1.32 公尺，縱剖面呈淺坑狀，縱深約 60 公分，內含物豐富，包含大量陶片及獸骨，於 L32 至 L33 有碳及火燒紅土呈大範圍堆積，推測應曾有焚燒行為（圖版 37、圖 29、圖版 38）。

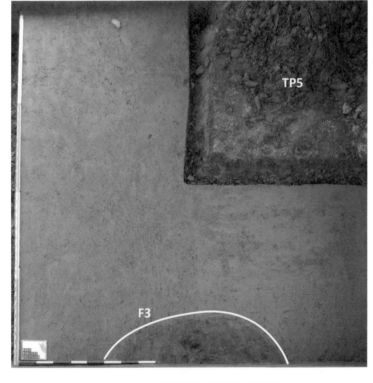

TP5

KSCC
P36-L31
2017.11.28

F3

圖版 37　P36 L31 坑底照

圖版 38　P36 北牆照

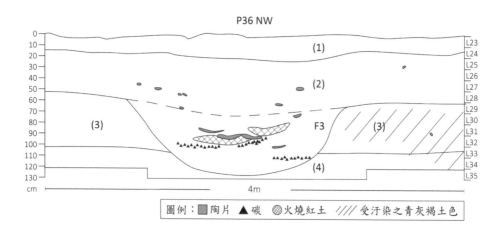

圖 29　P36 北牆繪圖

F4

　　位於 P27 的北側，僅部分灰坑範圍在探坑內，開口形狀不明，直徑推測至少 100 公分，開口深度大約是 L26 之海拔 1.69 公尺，縱剖面呈淺坑狀，縱深約 20 公分，主要內含物為陶片（圖 30、圖版 39）。

圖版 39　P27 北牆照

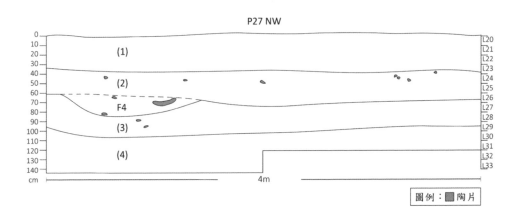

圖 30　P27 北牆繪圖

F5

位於 P27 的南側，開口呈圓形，直徑約 50 公分，開
口深度大約在 L22 之海拔 2.10 公尺，縱剖面呈淺坑狀，
縱深約 50 公分，無內含物（圖版 40）。

KSCC
P27-L23
2017.11.01

圖版 40　P27 L23 坑底照

F6

　　主要位於 P43 的東北側，少部分延伸至 P38 的西北側。開口呈橢圓形或近圓角矩形，直徑約 180 公分，開口深度大約在 L25 之海拔 1.70 公尺，縱剖面呈淺坑狀，縱深約 55 公分，內含物豐富，包含近完整陶容器與陶片、少量的獸骨與魚骨，及 1 件磨製斧鋤形器，材質為橄欖石玄武岩（圖版 41、圖 31）。

KSCC
P43-L28
2017.12.20

圖版 41　P43 L28 坑底照

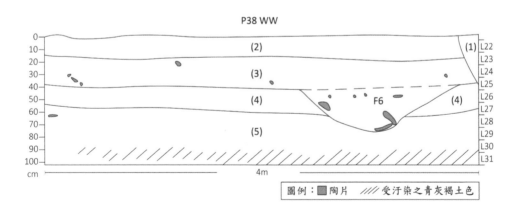

圖 31　P38 西牆繪圖

遺跡現象與遺構

F7

　　位於 P83 的西側，鄰近西南側有陶片密集區。灰坑開口呈圓形，直徑約 60 公分，開口深度大約在 L14 之海拔 2.95 公尺，縱剖面呈淺坑狀，縱深約 25 公分，內含物為陶片（圖版 42）。

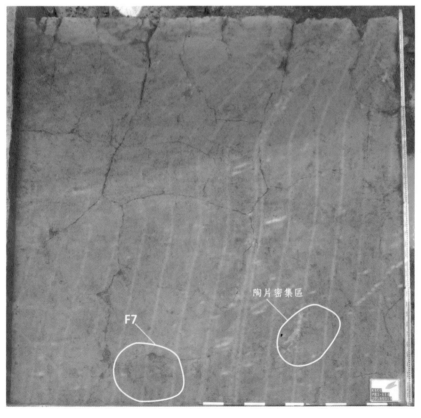

圖版 42　P83 L14 坑底照

F8

　位於 P79 的中央偏北，灰坑開口呈圓形，直徑約 50
公分，開口深度大約在 L20 之海拔 2.25 公尺，縱剖面
呈淺坑狀，縱深約 20 公分，內含物僅有少量獸骨（圖版
43）。

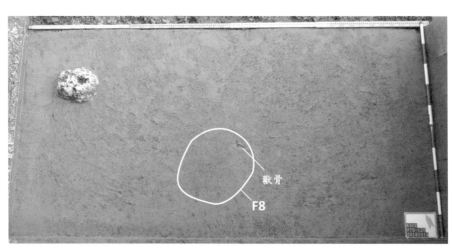

圖版 43　P79 L20 坑底照

（二）墓葬遺跡與骨骸遺留

本次發掘出土 2 具墓葬，B1 位於 P14 及 P16 交界，B2 位於 P28 東南角。2 具墓葬均為東南—西北走向，頭向朝東南，仰身葬，無明顯壙穴範圍且無葬具與陪葬品。由牙齒與身高判斷，B1 為成年人，B2 為兒童，以下分別敘述：

B1 墓葬

本具墓葬大腿以上位於 P14 的 D 區，以下位於 P16 的 A 區，頭蓋骨於 L27 露出，海拔高度為 1.61 公尺，骨盆最低處位於 L28，海拔高度為 1.48 公尺。墓葬周圍之土色、土質皆無明顯差異，因此難以辨識壙穴範圍（圖版 44~ 圖版 47、圖 32）。

整體保存狀況近完整，呈仰身葬，頭向朝南偏東 45°，頭至骨盆的軀幹左側略高，可能因此造成面朝右側；上臂屈肢，下肢直肢，上臂緊靠身軀且肩膀聳起，雙手前臂向上折，幾乎與上臂平行，雙手放置在肩膀上；骨盆以下向左傾，髖骨及腳背略朝左，顯示下肢略向左翻，腳踝併攏。

牙齒幾乎都已萌出且保存大致完整，上下緊密咬合，上顎左右的 I1 皆可見磨損，上顎左右 I2、C 皆拔齒，

致使下顎齒列相對位置的左右 I2、C 增生。左上顎 M3
已萌出但未長完全，M1、M2 磨損嚴重，PM1、PM2
的狀況因緊密咬合而不明；左下顎 M3 未萌出，M1、
M2 磨損嚴重，PM1、PM2、I1、I2 略磨損。右側的牙
齒因頭部面向右且咬合緊密而難判斷，應與左側狀況類
似（圖版 48）。

　　骨架身長約 150 公分，推測身高約 140 公分。頭骨
眉脊平滑，下顎骨轉折處較不突出且角度較平滑，骨盆
整體呈圓筒狀，坐骨大切跡角度大、恥骨聯合部位置較
低，恥骨弓角角度大，推測為成年女性且有妊娠經驗（圖
版 49）。

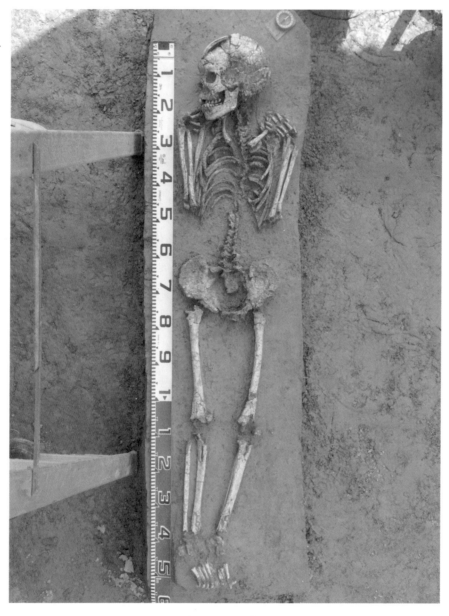

圖版 44　B1 全身照

鼓山崎腳的考古發掘

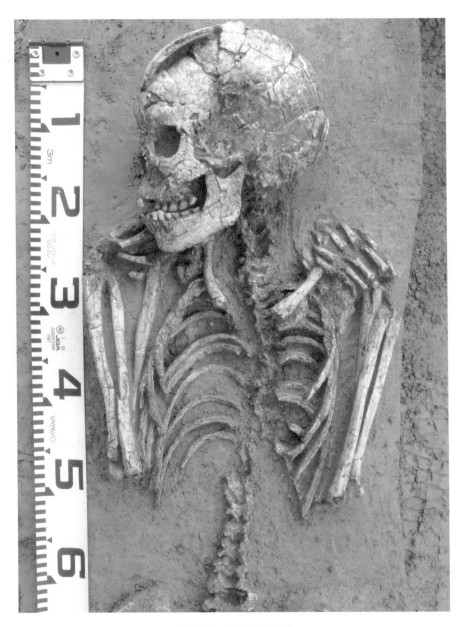

圖版 45　B1 上半身近照

圖版 46　B1 頭頂近照

圖版 47　B1 頭部近照

鼓山崎腳的考古發掘

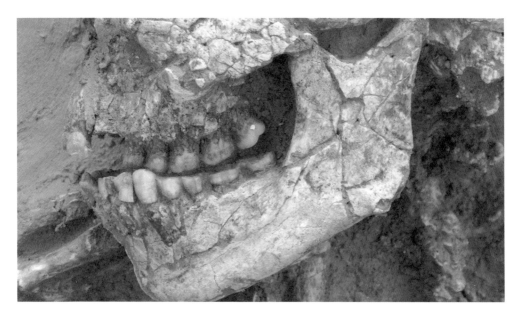

圖版 48　B1 牙齒近照

圖版 49　B1 骨盆處近照

遺跡現象與遺構

N

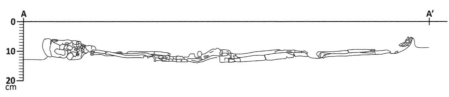

P14-D | P14-C
P16-A | P16-B

0   50cm

圖 32　B1 俯視圖及剖面圖

B2

　　本具墓葬出土於 P28 的東南角，頭蓋骨於 P28L26 露出，海拔高度為 1.65 公尺。墓葬周圍之土色、土質皆無明顯差異，因此難以辨識壙穴範圍，但墓葬北側有大小、形狀各異的 12 件石灰石塊錯落於旁，出土深度與頭骨相近，雖位置接近墓葬，但由於地層中經常可見石灰石塊零星散布於坑內，因此尚無法判斷是否與 B2 有所關聯（圖版 50）。

　　B2 整體保存狀況近完整，呈仰身葬但上半身略向左側翻轉，頭向為朝南偏東 30°，面朝左下而下顎貼於胸骨，上顎破損並塌陷於下顎上。上臂緊靠身軀，前臂則置於左腹上，但右手指骨散落於右股骨旁，下肢直肢且腳踝併攏（圖版 51、圖版 52、圖版 55、圖 33）。

　　於右下顎齒列可見乳臼齒及乳犬齒，其餘下顎齒被上顎覆蓋；上顎因崩塌而齒列較散亂，然可見右上顎的乳犬齒及乳臼齒，以及尚未萌出的左右 I1、I2，由牙齒的橫線推測可能營養不良。骨架身長約 105 公分，身高應未達 1 公尺，根據牙齒與身高推測年齡應不到 7 歲（圖版 53、圖版 54）。

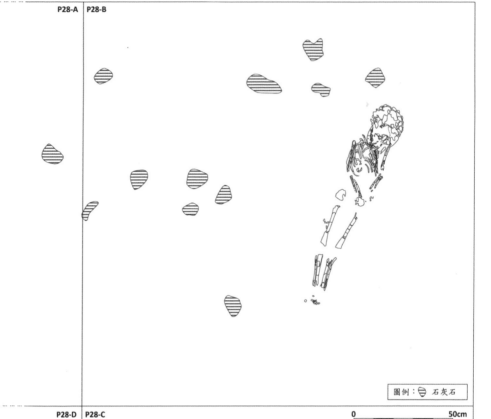

P28-A P28-B

N

圖例：石灰石

0   50cm

P28-D P28-C

圖 33　B2 俯視圖

鼓山崎腳的考古發掘

圖版 50　P28 L26 坑底照（圈選處為 B2 頭骨）

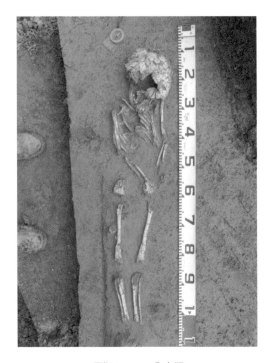

圖版 51　B2 全身照

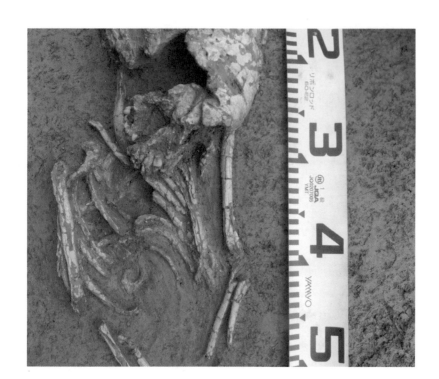

圖版 52　B2 上半身近照

圖版 53　B2 牙齒近照

圖版 54　B2 牙齒近照（圈選處為尚未萌出的門牙恆齒）

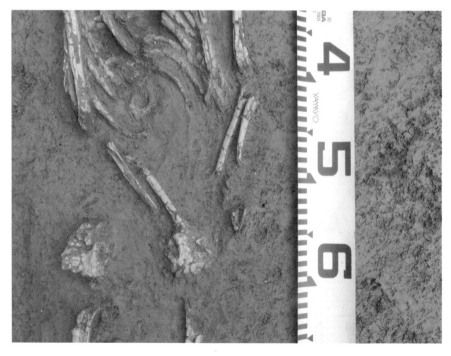

圖版 55　B2 腹部近照

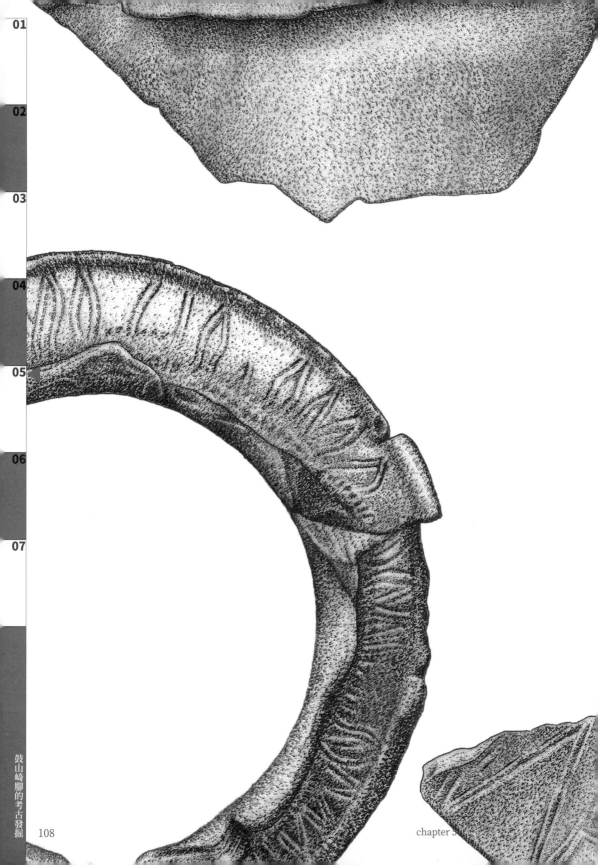

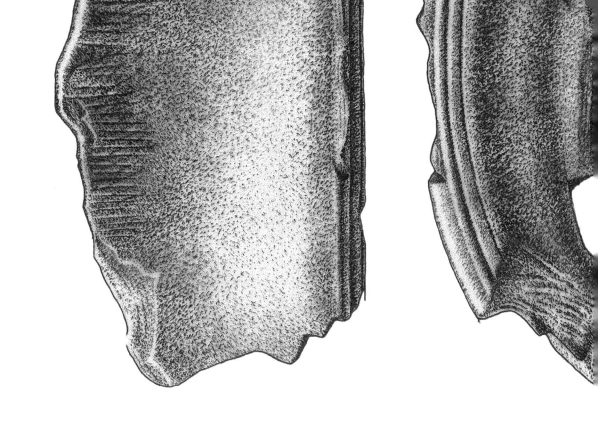

chapter 5

出土遺留

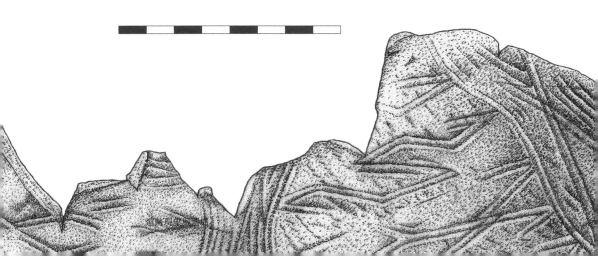

伍、出土遺留

　　本次發掘出土遺留 205,171.5 公克，包含零星的近現代遺物如瓷片、硬陶、磚與瓦片等，共 50 件，總重 719.6 公克。史前遺留以陶質遺物占最大量，共 7,954 件，總重 189,077.7 公克，其中包含容器類陶質遺物，以及非容器類陶質遺物如陶環、紡輪與不明陶質遺物。石質遺物共 78 件，總重 8,672.0 公克，包含斧鋤形器、石錛、石鏃、石刀、砥石、石錘等。生態遺留如獸骨、魚骨及貝類等，總重 6,702.2 公克。

　　除了近現代遺物主要出土於擾亂層及文化層的表層外，其餘史前遺留皆出土自文化層，僅少量為地表採集。而生態遺留之獸骨、魚骨及貝類等大多出自文化層較底部位置，少量出土自灰坑。此外，亦可從遺物數量隨地層深度變化之情形判斷文化層範圍，以及上、下文化層之分界。例如從容器類陶質遺物出土層位分布之情形（表 3~ 表 5），可見發掘範圍內之文化層並非呈水平分布，而是依地勢而起伏，文化層的整體厚度大約為 60 至 120 公分不等。下文化層厚度約 10 至 30 公分不等，通常疊壓於遺物出土量遞減至最少的地層下方，因此可見遺物重量於最後一層又稍微增加。下文化層多出土不同於上文化層牛稠子文化陶類的陶片，而是具大坌坑文化特色之陶片。遺物種類、數量與出土資訊，詳述如下。

一、近現代遺物

近現代遺物一方面是晚近人類活動的擾亂遺留，另方面也是研究歷史時期的輔助資料，故亦受到近期考古發掘的重視。

本次發掘總計出土 50 件近現代遺物，總重 719.6 公克，皆為地表採集或出土於擾亂層。其中包含 6 件瓷片，總重 147.7 公克；12 件硬陶，總重 349.3 公克；21 件磚，總重 107.9 公克；11 件瓦片，總重 114.7 公克（表 2、圖版 56~ 圖版 58）。各類近現代遺物的所屬時間及來源尚待進一步確認，在此暫不深入探討。

表 2　近現代遺物出土件數及重量統計表

瓷片		硬陶		磚		瓦片		總計	
件數	重量 (g)	件數	重量 (g)	件數	重量 (g)	件數	重量 (g)	件數	重量 (g)
6	147.7	12	349.3	21	107.9	11	114.7	50	719.6

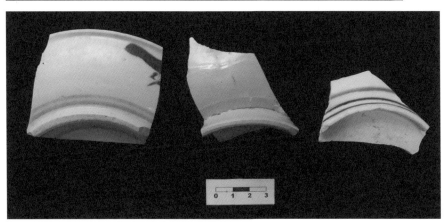

圖版 56　瓷片

圖版 57　瓦片

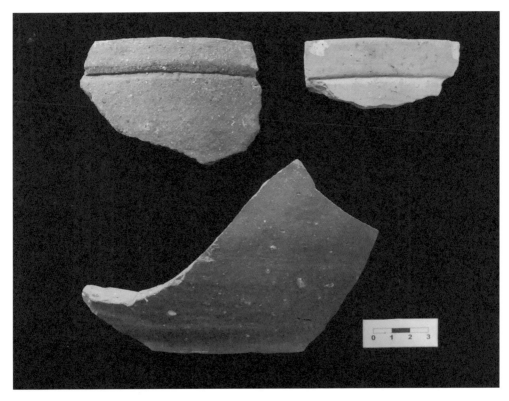

圖版 58　硬陶

二、史前遺物

（一）陶質遺物

陶器與古代人類生活關係密切，可敏感反映人類行為與文化，故成為考古研究者非常看重的資料。本次發掘出土之陶質遺物種類以容器類為主，如其腹片、口緣、頸肩、底部與圈足、陶蓋等，統計共 7,932 件，總重 155,163.7 公克。非容器類陶質遺物如陶環、紡輪與不明陶質遺物等，共 22 件，總重 496.7 公克。另有部分陶片大小不足 1 公分，難以確認其材質與形式，則歸入碎陶一類，總重為 33,417.3 公克。

陶質遺物多出自上文化層—牛稠子文化層，即橄欖褐偏黃褐色（5Y 6/4 olive yellow）壤土層，少量出土於下文化層—大坌坑文化層，即橄欖褐偏灰褐色（5Y 4/2 grayish olive）壤土層。關於陶質遺物之內涵說明如下：

表 3　各坑容器類陶質遺物重量分層統計表（P1-P30）

	P1	P2	P3	P4	P5	P6	P7	P8	P9	P10	P11	P12	P13	P14	P15
L17	911.0	76.6		134.0				118.3							
L18	193.8	81.8	334.4	117.4				183.8							
L19	121.9	166.3	74.3	121.7	149.8			270.0							
L20	80.2	93.8	177.2	91.9	555.6			234.7	337.8						
L21	6.0	129.5	37.9	57.9	724.6	165.7		459.9	1,612.8	127.1		168.3			
L22		33.7	112.1	9.4	274.7	506.5	11.2	186.4	2,697.8	39.9	44.6	850.6	73.8		
L23			37.2		23.1	280.5	204.4		594.4	129.8	436.6	408.5	492.7		
L24			13.1			283.6	164.9		49.3	240.7	262.1	231.7	99.1		
L25						552.1	218.9		11.7	85.6	168.3	32.3	291.1	42.6	
L26						33.6	157.1				36.7	22.2	70.9	43.8	
L27													130.7	46.3	
L28						81.7							183.2	79.8	
L29						22.8							1.2	72.1	59.3
L30															29.9
L31															52.9
L32															
L33															
L34															
L35															
L36															
L37															
L38															
總計	1,312.9	581.7	786.2	532.3	1,727.8	1,926.5	756.5	1,453.1	5,303.8	623.1	948.3	1,713.6	1,342.7	284.6	142.1

P16	P17	P18	P19	P20	P21	P22	P23	P24	P25	P26	P27	P28	P29	P30	總計
															1,239.9
														1.6	912.8
						3.9								40.9	948.8
											8.0			47.6	1,626.8
	25.5													80.3	3,595.5
	173.6										57.5			108.7	5,180.5
	1,334.9										346.9	4.1		44.5	4,337.6
152.6	222.3						40.6				534.6	237.1		30.5	2,562.2
74.9	239.1									81.7	2,469.9	84.9		2.9	4,356.0
11.1	96.4									112.1	191.9	164.2		1.4	941.4
7.6	43.9	62.3								67.2	92.9	228.1			679.0
106.2		92.0								32.8	142.8	8.9			727.4
								453.4	23.5	8.8	308.1	48.5	94.5		1,092.2
		112.6	12.9	814.9		632.3		428.8	23.4	8.7	26.2		43.5		2,133.2
			212.2	55.8		60.0	26.2	145.8		40.5			1.9		595.3
			15.8	3.1	72.3	337.2	12.3	96.6	15.0	11.7			21.0		585.0
			132.4	62.8	10.2	437.8		236.5	14.3	3.3			16.3		913.6
				189.0	36.3	66.7	43.5	46.3	21.4						403.2
				2.2	127.0		119.3		600.2						848.7
					4.2		6.7	138.7	87.2	24.1			133.6		394.5
								390.0					105.9		495.9
								4.4							4.4
352.4	2,135.7	266.9	373.3	1,127.8	250.0	1,534.0	248.6	1,944.4	785.0	390.9	4,178.8	775.8	416.7	358.4	34,573.9

表 4　各坑容器類陶質遺物重量分層統計表（P31-P60）

	P31	P32	P33	P34	P35	P36	P37	P38	P39	P40	P41	P42	P43	P44
L12														
L13														
L14		12.2												
L15														
L16	20.1													
L17														
L18				13.7										
L19	36.8			9.1										
L20	113.0	1.5								72.9				
L21	153.8	15.1		103.2						74.6			27.2	1.8
L22	145.7	194.2		228.0			1.2	38.4		123.3			168.3	4.5
L23	54.8	391.2		125.5	191.0		70.6	579.1		99.8	49.8		1,031.9	2.8
L24		208.2		43.1	1,187.0	59.4	299.9	370.9		107.8	179.4		1,336.8	130.0
L25		88.1			555.5	465.8	236.2	295.0		17.1	182.6		647.8	171.5
L26		20.0			91.6	204.6	181.7	226.6		21.8	54.4		540.6	98.9
L27					69.9	124.7	411.1	106.6			49.9	18.0	810.4	638.2
L28					76.1	66.0	39.8	78.5	266.0		11.6	266.4	1,073.7	78.8
L29			48.3		1,295.8	1.3	262.0	10.3	78.1		367.7	314.2	362.5	2.7
L30			3.3		25.7	201.2			50.7		550.4	711.5	423.2	4.8
L31			19.6			1,104.5	3.5		23.1			873.4	1,366.9	
L32			10.6			100.5						629.3		
L33			1.3			53.7			119.0			94.0		
L34		25.4	560.5			27.6			474.4			1,260.0		
L35			152.1									1,858.4		
L36								14.6				823.8		
L37												207.9		
總計	524.2	955.9	795.7	522.6	3,492.6	2,409.3	1,506.0	1,720.0	1,011.3	517.3	1,445.8	7,056.9	7,789.3	1,134.0

P45	P46	P47	P48	P49	P50	P51	P52	P53	P54	P55	P56	P57	P58	P59	P60	總計
1,332.4																1,332.4
3,684.1											5.5					3,689.6
1,115.5	44.2										26.1					1,198.0
226.8	62.5		0.7					5.1	1,407.0	949.2	28.2					2,679.5
42.5	175.7							1.6	390.1	355.7	138.4		6.7			1,130.8
53.9	36.8				1,225.5			5.3	574.8	389.2	15.0					2,300.5
17.8	1.7		10.5	14.2	663.3		3.1	35.3	816.6	306.8	18.4				11.3	1,912.7
				16.2	196.0		234.8	39.5	29.0	199.3		3.1	13.1	6.4	99.0	882.3
		37.3	78.0	13.4	247.9	2.3	573.3	9.5	9.6			21.6	37.5		29.2	1,247.0
		66.6	26.2	64.9	316.6	3.3	5.2		3.0			45.0			38.1	944.6
		15.6		22.9	137.5	20.5								15.9	41.1	1,157.1
		49.0			11.3	176.9									21.7	2,855.4
		23.7				9.9										3,956.1
		17.4														2,677.0
																1,440.2
																2,228.8
																1,956.9
																2,742.9
																1,970.8
																3,391.0
																740.4
																268.0
																2,347.9
																2,010.5
																838.4
																207.9
6,473.0	320.9	209.6	115.4	131.6	2,798.1	212.9	816.4	96.3	3,230.1	2,200.2	231.6	69.7	57.3	22.3	240.4	48,106.7

表 5　各坑容器類陶質遺物重量分層統計表（P61-P88）

	P61	P62	P63	P64	P65	P66	P67	P68	P69	P70	P71	P72	P73	P74	P75
L10															
L11															
L12								15.5				307.0	8.8	1,130.3	10.4
L13						332.5	21.0	234.6				566.9	4.7	2,145.7	14.5
L14				20.3	23.4	332.5	60.2	34.6				242.4	11.9	570.3	21.6
L15	392.0	1.8		26.8	52.5	381.0	23.4	165.9				90.9	5.6	934.1	35.5
L16	343.9	22.8		15.0	40.3	499.2	67.6	20.3			3.6	165.5	40.7	755.5	96.2
L17	359.1	23.9		26.1	19.0	457.0	67.5	39.2		10.7	5.5	23.9	34.4	765.6	13.6
L18	666.7	40.3		58.6	7.3	79.9	48.8		10.5	8.1	2.4	66.5	9.7	441.6	63.1
L19	377.3	39.1	12.6	24.3		55.9	77.2		12.0	37.7	61.8	17.1	17.9	49.4	4.6
L20	292.3		551.3	4.2		54.4	50.4		2.4	96.3	23.0				23.1
L21	96.2	20.6	31.8			11.6	7.8		14.0	10.0					
L22	26.6					10.4			1.3	19.6					
L23						16.2									
L24						3.9									
L25															
L26															
L27						21.4									
總計	2,554.1	148.5	595.7	175.3	142.5	2,255.9	423.9	510.1	40.2	182.4	96.3	1,480.2	133.7	6,792.5	282.6

P76	P77	P78	P79	P80	P81	P82	P83	P84	P85	P86	P87	P88	總計
								757.1					757.1
								1,337.2	565.0				1,902.2
			1,688.0	216.2		687.2		1,073.0	417.6		885.0		6,439.0
1.9			928.5	429.7	1,825.0	1,618.7	547.4	1,637.4	264.2		1,733.1		12,305.8
36.9	506.3		1,176.7	36.1	544.6	1,764.3	989.5	501.2	387.7		1,779.6		9,040.1
27.8	1,610.8		2,134.3	20.1	760.2	1,227.5	761.5	188.1	514.8	108.8	926.4	66.6	10,456.4
	2,015.1	2.4	228.0	4.4	209.4	1,566.3	657.9	21.9	88.9	55.1	130.9		7,050.9
	593.3	8.5	161.8	36.1	152.0	1,120.7	379.9	2.8	1.7	460.0	79.4	15.1	4,856.8
	504.9	57.9	19.5	16.1	64.2	568.8	211.3			362.0	25.6	69.4	3,403.2
	203.1	131.9	165.2		64.1	276.6	39.2			357.2	31.6	320.3	2,376.1
	48.2	26.0				63.8	30.0			3.8	72.9	178.9	1,521.0
	27.1					15.2	58.0			13.5	23.0	20.1	348.9
							251.6				21.3	84.6	415.4
												115.2	131.4
													3.9
													0.0
													0.0
													21.4
66.6	5,508.8	226.7	6,502.0	758.7	3,619.5	8,909.1	3,926.3	5,518.7	2,239.9	1,360.4	5,708.8	870.2	61,029.6

1. 陶片特徵

本遺址出土陶片之顏色主要有橙色（2.5YR 6/8 orange、5YR 7/6 orange）、淺橙色（5YR 6/6 orange）及淺黃橙色（10YR 8/4 light yellow orange），亦有極少量紅褐色（5YR 4/8 reddish brown）。不同材質陶片之出土情形略有差異（表6~表8；圖表1），上文化層以橙色陶片為主，並可依質地概分為粗砂、細砂與泥質三類，依表面裝飾則有素面、繩紋、劃紋及方格印紋等類別。淺黃橙色的陶片通常夾灰胎或黑胎，質地相對粗糙，常見繩紋及劃紋之紋飾，大多出土於下文化層。各陶類之特徵分述如下：

(1)近泥質夾低密度細砂及中砂陶

　　顏色可見橙色及淺橙色（圖版59：1、6；圖版60），質地細緻，不見大顆粒之摻和料，偶見極少量細砂、中砂或小型紅褐色土團（圖版61）。於發掘範圍內共計出土 2,388 件，總重 37,296.4 公克，占總數量約 25.9%。

(2)橙色夾高密度細砂及中砂陶

　　為本次發掘主要出土之陶類，顏色以橙色、暗橙色為主，夾雜高密度之砂岩、石英、變質砂岩等細屑，偶見夾雜少量小型紅褐色土團者（圖

版 59：2；圖版 62）。共計出土 2,514 件，總重 60,101.8 公克，占總數量約 41.7%。

(3)橙色夾高密度粗砂陶

　　顏色以橙色為主，常見角礫或圓礫狀之大粒徑摻合料（圖版 59：4；圖版 63），另有少量夾高密度紅褐色土團。共 699 件，重 11,888.6 公克，占總數量約 8.3%。

(4)紅褐色夾高密度石英碎屑陶

　　顏色以紅褐色為主，夾有高密度的石英碎屑及少量砂岩碎屑，陶片孔隙多而質地粗糙（版 59：3；圖版 64）。此陶類數量極少，共計出土 38 件，總重 267.4 公克，占總數量約 0.2%。

(5)淺黃橙色夾砂陶：

　　主要出土於下文化層，具明顯大坌坑文化陶片特色，顏色以淺黃橙色及暗橙色為主，摻合料包含少量細砂、中砂、粗砂等不同的粒徑，可見角礫或圓礫狀之岩石碎屑（圖版 59：5；圖版 65）。淺黃橙色陶片通常較厚重，夾灰胎或黑胎，表面常見繩紋及劃紋。共計出土 1,895 件，總重 34,448.1 公克，占總數量約 23.9%。

圖版 59　各類材質腹片

圖版 60　近泥質夾低密度細砂及中砂陶

圖版 61　近泥質陶夾低密度小型紅褐色土團

圖版 62　橙色夾高密度細砂及中砂陶

圖版 63　橙色夾高密度粗砂陶

圖版 64　紅褐色夾高密度石英碎屑陶

圖版 65　淺黃橙色夾砂陶

表6　各區陶類層位數量與重量統計表（Ⅰ、Ⅱ區）[*]

	I 區									
	橙色 近泥質陶		橙色 細砂陶		橙色 粗砂陶		紅褐色 夾石英陶		淺黃橙色 夾砂陶	
	件數	重量 (g)	件數	重量 (g)	件數	重量 (g)	件數	重量 (g)	件數	重量 (g)
L17										
L18										
L19										1	3.9
L20										
L21										
L22	2	2.0	7	41.7	1	21.0			2	9.1
L23	14	61.9	36	519.1	12	35.3			15	117.2
L24	36	239.9	45	1,113.7	10	203.7			20	160.8
L25	33	194.9	45	896.2	11	153.6	1	2.6	35	446.9
L26	27	120.2	22	209.1	8	103.3			19	155.9
L27	20	99.2	21	146.8	7	44.5	2	3.4	27	282.7
L28	26	207.5	29	423.3	3	93.9			28	455.4
L29	33	215.0	37	602.8	6	88.1	3	3.4	46	1,908.9
L30	33	752.8	37	1,455.6	7	39.0			56	1,402.4
L31	24	515.7	22	1,511.0	2	8.1			37	581.1
L32	26	419.2	16	422.6	3	21.7	1	4.9	21	457.0
L33	11	83.2	4	42.8	2	9.0	1	25.4	45	1,021.2
L34	12	518.7	5	303.7	3	410.4			43	1,423.0
L35	8	337.8	13	1,484.7	1	2.2			36	1,034.5
L36	5	53.6	8	767.7	1	2.5			19	394.5
L37	5	185.1	1	18.4	2	6.8			5	493.5
L38	2	8.9	4	439.4	1	30.0			1	4.4
總計	317	4,015.6	352	10,398.6	80	1,273.1	8	39.7	456	10,352.4

*因坑位資料龐大，此處Ⅰ、Ⅱ、Ⅲ、Ⅳ區之區分，是將發掘範圍自東而西每20坑分為一區，共分為四區。

橙色近泥質陶		橙色細砂陶		橙色粗砂陶		紅褐色夾石英陶		淺黃橙色夾砂陶	
件數	重量 (g)	件數	重量 (g)	件數	重量 (g)	件數	重量 (g)	件數	重量 (g)
9	60.0	7	112.8	1	18.2			2	3.9
13	102.0	9	133.2	3	9.3			3	36.4
25	249.5	21	152.6	5	35.9	1	2.8	13	195.3
38	361.5	47	672.1	15	149.7			17	155.0
82	1,115.4	65	1,662.8	23	233.7	2	9.7	32	684.6
96	1,283.3	109	3,398.0	27	263.1	2	6.7	61	748.9
140	1,825.1	128	2,996.3	34	365.5	1	2.8	73	906.5
110	1,463.4	118	1,829.4	31	313.1	1	2.8	79	1,144.8
91	1,185.9	104	2,840.8	21	167.0	3	4.3	78	1,123.4
34	260.0	34	515.1	4	24.9	1	7.3	57	985.8
20	203.2	22	613.3	1	1.5	2	43.0	37	1,470.2
13	449.9	15	770.4	1	2.2			18	281.7
5	86.3	7	285.0	1	7.0			14	638.6
7	199.2	5	213.8	1	8.8			5	32.4
3	411.6	4	736.5					3	222.3
								2	25.4
								1	14.6
686	9,256.3	695	16,932.1	168	1,599.9	13	79.4	495	8,669.8

表7 各區陶類層位數量與重量統計表（III、IV區）

| | III區 | | | | | | | | | |
| | 橙色
近泥質陶 | | 橙色
細砂陶 | | 橙色
粗砂陶 | | 紅褐色
夾石英陶 | | 淺黃橙色
夾砂陶 | |
	件數	重量 (g)	件數	重量 (g)	件數	重量 (g)	件數	重量 (g)	件數	重量 (g)
L10	4	116.8	7	271.2	2	152.1			6	217.0
L11	20	649.0	11	326.8	6	158.8			8	202.6
L12	103	2,120.9	112	3,101.1	22	449.7	1	15.5	46	1,108.7
L13	171	4,099.0	174	7,133.5	61	1,249.3			84	1,970.6
L14	133	3,077.2	141	3,472.0	41	1,328.7	1	3.8	71	1,398.8
L15	154	3,562.6	159	4,740.4	47	1,247.2	1	1.8	91	2,522.3
L16	135	2,170.0	140	3,012.5	55	1,031.3			70	1,077.8
L17	135	2,357.8	154	3,160.1	64	1,397.8	1	5.5	75	913.9
L18	125	1,568.4	126	2,251.3	40	898.1			69	768.0
L19	77	759.8	70	1,077.9	23	166.3	2	18.1	65	807.8
L20	36	407.5	43	590.9	11	112.4	3	29.1	42	355.8
L21	30	364.4	28	154.0	8	90.6			30	283.0
L22	14	72.7	22	202.3	6	95.5			31	471.1
L23	3	34.4	1	4.3	1	24.7	1	16.2	11	176.8
L24					1	10.1			2	6.9
L25										
L26										
L27									1	21.4
L28										
L29										
L30										
L31										
L32										
L33										
L34										
L35										
L36										
L37										
L38										
總計	1,140	21,360.5	1,188	29,498.3	388	8,412.6	10	90.0	702	12,302.5

IV區									
橙色 近泥質陶		橙色 細砂陶		橙色 粗砂陶		紅褐色 夾石英陶		淺黃橙色 夾砂陶	
件數	重量 (g)	件數	重量 (g)	件數	重量 (g)	件數	重量 (g)	件數	重量 (g)
9	152.4	13	325.4					4	87.2
19	333.9	30	487.2					11	154.4
37	481.1	49	839.6	13	99.3	1	4.7	14	118.3
29	331.1	40	348.9	9	103.1	1	0.6	20	161.7
30	183.1	47	571.8	17	159.3			21	147.4
28	167.6	29	200.1	14	83.2	1	7.3	29	431.9
25	73.0	25	71.2	4	31.1	1	1.5	24	190.4
23	78.5	18	110.0	1	4.7			31	259.4
14	96.3	16	263.0	4	79.7	1	3.1	26	278.8
19	617.9	7	33.4					31	895.9
8	37.1	5	22.2					20	222.1
2	24.9							6	69.6
2	87.0			1	42.5			4	96.4
						1	23.7	1	9.9
						1	17.4		
245	2,663.9	279	3,272.8	63	602.9	7	58.3	242	3,123.4

表 8　各層位陶類數量與重量統計表

	橙色近泥質陶		橙色細砂陶		橙色粗砂陶	
	件數	重量 (g)	件數	重量 (g)	件數	重量 (g)
L10	4	116.8	7	271.2	2	152.1
L11	29	801.4	24	652.2	6	158.8
L12	122	2,454.8	142	3,588.3	22	449.7
L13	208	4,580.1	223	7,973.1	74	1,348.6
L14	162	3,408.3	181	3,820.9	50	1,431.8
L15	184	3,745.7	206	5,312.2	64	1,406.5
L16	163	2,337.6	169	3,212.6	69	1,114.5
L17	169	2,490.8	186	3,344.1	69	1,447.1
L18	161	1,748.9	153	2,494.5	44	912.1
L19	116	1,105.6	107	1,493.5	32	281.9
L20	93	1,386.9	97	1,296.4	26	262.1
L21	120	1,516.9	98	1,839.0	31	324.3
L22	114	1,382.9	138	3,642.0	34	379.6
L23	159	2,008.4	165	3,519.7	48	468.0
L24	146	1,703.3	163	2,943.1	42	526.9
L25	124	1,380.8	149	3,737.0	32	320.6
L26	61	380.2	56	724.2	12	128.2
L27	40	302.4	43	760.1	8	46.0
L28	39	657.4	44	1,193.7	4	96.1
L29	38	301.3	44	887.8	7	95.1
L30	40	952.0	42	1,669.4	8	47.8
L31	27	927.3	26	2,247.5	2	8.1
L32	26	419.2	16	422.6	3	21.7
L33	11	83.2	4	42.8	2	9.0
L34	12	518.7	5	303.7	3	410.4
L35	8	337.8	13	1,484.7	1	2.2
L36	5	53.6	8	767.7	1	2.5
L37	5	185.1	1	18.4	2	6.8
L38	2	8.9	4	439.4	1	30.0
總計	2,388	37,296.4	2,514	60,101.8	699	11,888.5

鼓山崎腳的考古發掘

紅褐色夾石英陶		淺黃橙色夾砂陶		總計	
件數	重量 (g)	件數	重量 (g)	件數	重量 (g)
		6	217.0	19	757.1
		12	289.8	71	1,902.2
1	15.5	57	1,263.1	344	7,771.4
1	4.7	98	2,088.9	604	15,995.4
2	4.4	91	1,560.5	486	10,225.9
1	1.8	112	2,669.7	567	13,135.9
1	7.3	99	1,509.7	501	8,181.7
2	7.0	101	1,108.2	527	8,397.2
0	0.0	103	1,063.8	461	6,219.3
4	24.0	105	1,285.8	364	4,190.8
3	29.1	90	1,406.7	309	4,381.2
2	9.7	82	1,189.7	333	4,879.6
2	6.7	100	1,298.7	388	6,709.9
2	19.0	103	1,296.9	477	7,312.0
2	26.5	102	1,322.4	455	6,522.2
5	24.3	113	1,570.3	423	7,033.0
1	7.3	76	1,141.7	206	2,381.6
4	46.4	65	1,774.3	160	2,929.2
		46	737.1	133	2,684.3
3	3.4	60	2,547.5	152	3,835.1
		61	1,434.8	151	4,104.0
		40	803.4	95	3,986.3
1	4.9	21	457.0	67	1,325.4
1	25.4	45	1,021.2	63	1,181.6
		45	1,448.4	65	2,681.2
		36	1,034.5	58	2,859.2
		20	409.1	34	1,232.9
		5	493.5	13	703.8
		1	4.4	8	482.7
38	267.4	1,895	34,448.1	7,534	144,002.2

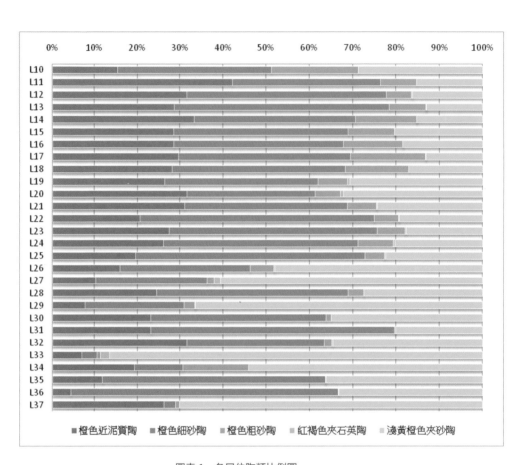

圖表 1　各層位陶類比例圖

2. 容器類陶質遺物

容器類陶質遺物依部位可分為口緣、頸肩、底與圈足、蓋與蓋把等，其中以口緣最多且形式豐富。以下詳述各特徵：

(1) 口緣

本次發掘出土口緣共 1,035 件，總重 27,943.5 公克（表 9）。依照口緣形式主要可將陶容器器型分為缽形器與罐形器，以罐形器為多。另有部分口緣過於破損而無法判斷形式，此批共計 220 件，總重 1,816 公克。

A. 缽形器

缽形器口緣 84 件，總重 1,023.1 公克，以素面的橙色泥質陶為主，依照唇部變化的形式可分為以下類型（圖表 2；圖版 66）：

i. 圓唇式：口緣形式簡單，可見敞口、直口或微斂口，唇部厚度與腹部一致，唇緣呈圓唇，腹部多圓弧狀。共 25 件，總重 494.9 公克（圖 34：1-4；圖 35：1、2；圖版 66：1、2）。

ii. 斜簷式：唇部呈斜簷而內高外低，簷的兩側皆收尖。共 50 件，總重 432.5 公克，為本遺址出土缽形器常見的口緣形式（圖 34：5-8；圖 35：3；圖版 66：3）。

iii. 平唇式：唇緣平坦，偶見向內側延伸並收尖。共 7 件，總重 80.7 公克（圖 34：9-12；圖版 66：4）。

iv. 加厚式：唇緣兩側加厚，並略向外延伸。共 2 件，總重 15.0 公克（圖 34：13、14）。

B. 罐形器

共出土罐形器口緣 725 件，總重 25,059.0 公克。形式豐富，包含敞口、豎口及斂唇等變化，以敞口為主且多厚重。口緣形式與材質亦有明顯關聯，有部分形式僅見於特定材質。口緣的紋飾包含繩紋與劃紋，唇部則有弦紋與壓印紋；此外，部分唇部外側可見修整痕（圖版 67：19），或於口緣與頸部相接處可見製作痕。依照罐形器口緣變化的形式可分為以下類型（圖表 3；圖 36；圖版 67）：

i.   斜簷口：口部自頸折處直向上，口緣外側突起呈斜簷狀，唇部為斜平唇或微凹弧唇。共出土 4 件，總重 63.5 公克（圖 34：19、20；圖版 67：1、2）。

ii. 近平敞厚頸矮口：頸部厚且口緣侈張角度大，部分口緣甚至達平敞的角度，口緣內側呈凹弧曲線，至唇部收尖，亦有少量圓唇的形式。此類型部分口緣的口高較低，自頸折處即向外敞。總計出土 215 件，總重 10,754.3 公克（圖 34：21-32；圖 36：3；圖版 67：3）。

iii. 下敞厚頸矮口：口緣向下外敞而呈長簷狀，口緣內側呈凹弧曲線，頸部厚，此類型可能是近平敞厚頸矮口的變形。共計出土 86 件，總重 3,293.1 公克，大多為橙色細砂陶（圖 34：15-18；圖 36：4；圖版 67：4）。

iv. 直侈外敞口：口緣自頸部向外直侈，頸部厚度與口緣厚度相近。共計出土 291 件，總重 6,574.8 公克（圖 34：33-40；圖 36：1、2；圖版 67：5-9）。

v. 微外敞高口：口緣侈張角度不大，直侈或弧轉外敞，口高大於口緣直徑，部分於唇部向外折並平敞。共計出土 65 件，總重 2,041.3 公克（圖 34：41-47；圖版 67：10、11）。

vi. 唇緣外撇豎口：口緣自頸部弧轉向上，於口緣中段略向外弧轉，至唇緣處略向外撇。共計出土 19 件，總重 526.9 公克（圖 34：48-50；圖版 67：12）。

vii. 近頸折處加厚微侈口：口緣整體略呈侈口，角度接近豎口，口緣內側自頸部弧轉向上，外側自頸部向外加厚並角轉向上，至口緣中段兩側始趨平行，唇部通常為平唇或圓唇。共計出土 18 件，總重 614.4 公克。此類口緣常見於大坌坑文化之淺黃橙色夾砂陶（圖 34：51-55；圖版 67：13、14）。

viii. 直侈斜平唇口：口緣厚度較厚，於頸折處向外直侈，唇緣加厚且平唇向外側斜下而形似短簷。共計出土 22 件，總重 964.4 公克。此類型口緣僅見於大坌坑文化之淺黃橙色夾砂陶，常見有豐富的紋飾組合，如口緣劃紋、頸部繩紋、唇部弦紋且唇緣壓印紋的搭

配（圖 34：58-60；圖 36：5；圖版 67：15）。

ix. 外敞歛唇厚頸口：口緣自頸部向外直侈，至唇部則弧轉向內歛且收尖，頸部厚重，形似「S」。此類型口緣僅見於大坌坑文化之淺黃橙色夾砂陶。共計出土 3 件，總重 218.7 公克，皆於頸部施繩紋，其中 2 件亦可見劃紋（圖 34：61-63；圖版 67：16、17）。

x. 極短口：口緣極短，僅約 1 公分長，自頸折處向外直侈後即收尖唇部。此類型口緣僅見於暗紅褐色夾高密度石英砂之陶類。共計出土 2 件，總重 7.4 公克（圖 34：56、57；圖版 67：18）。

表 9　口緣陶類與形式之數量與重量統計表

	形式 / 材質	橙色近泥質陶		橙色細砂陶		橙色粗砂陶	
		件數	重量 (g)	件數	重量 (g)	件數	重量 (g)
缽形器	1. 圓唇式	24	474.6	1	20.3		
	2. 斜簷式	50	432.5				
	3. 平唇式	7	80.7				
	4. 加厚式	2	15.0				
罐形器	1. 斜簷口	1	28.2	2	17.5		
	2. 近平敞厚頸矮口	45	1,858.6	85	4,713.3	56	3,128.0
	3. 下敞厚頸矮口	7	130.8	72	2,941.3	2	121.1
	4. 直侈外敞口	104	2,310.0	77	1,805.8	25	435.4
	5. 微外敞高口	28	556.1	29	1,233.3	1	79.0
	6. 唇緣外撇豎口	3	78.3	4	148.7	1	42.5
	7. 近頸折處加厚微侈口	2	128.0				
	8. 直侈斜平唇口	0	0.0				
	9. 外敞斂唇厚頸口	0	0.0				
	10. 極短口	0	0.0				
	無法判斷	67	432.8	108	960.8	16	155.5
	總計	340	6,525.6	378	11,841.0	101	3,961.5

紅褐色夾石英陶		淺黃橙色夾砂陶		總計	
件數	重量 (g)	件數	重量 (g)	件數	重量 (g)
				25	494.9
				50	432.5
				7	80.7
				2	15
		1	17.8	4	63.5
		29	1,054.6	215	10,754.5
		5	99.9	86	3,293.1
1	17.2	84	2,006.4	291	6,574.8
		7	172.9	65	2,041.3
		11	257.4	19	526.9
		16	486.4	18	614.4
		22	964.4	22	964.4
		3	218.7	3	218.7
2	7.4			2	7.4
0	0.0	35	312.3	226	1,861.4
3	24.6	213	5,590.8	1,035	27,943.5

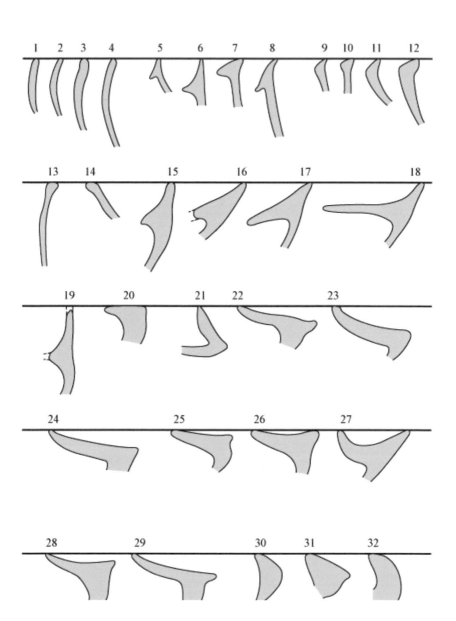

鼓山崎腳的考古發掘

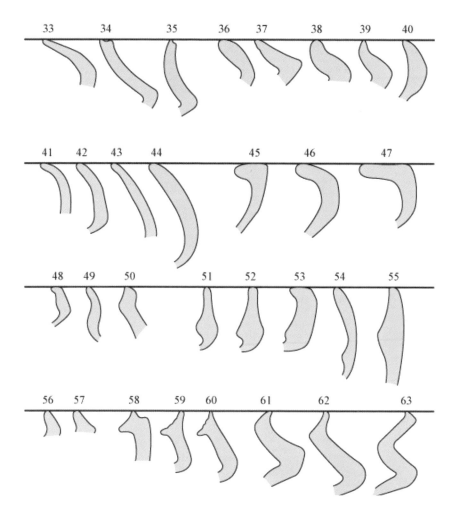

圖 34　陶容器口緣形式

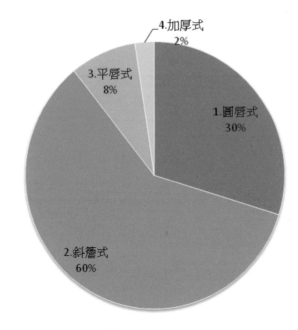

圖表 2 缽形器口緣形式數量比例圖

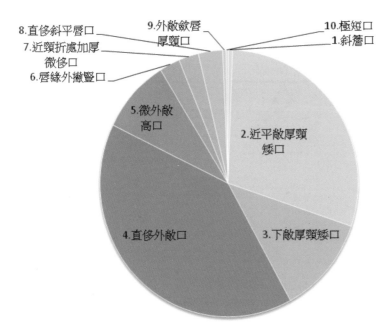

圖表 3 罐形器口緣形式數量比例圖

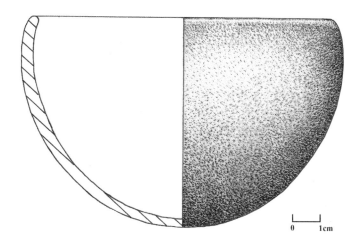

1. 圓唇微斂口平底缽形器

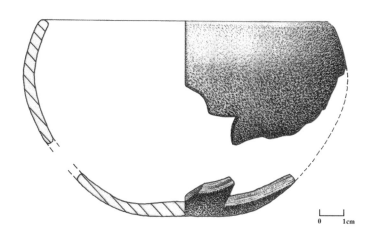

2. 圓唇斂口微凹底缽形器

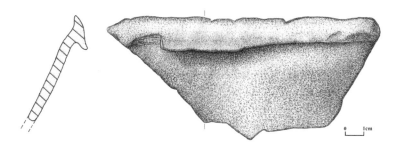

3. 斜簷式缽形器

圖 35　缽形器標本繪圖

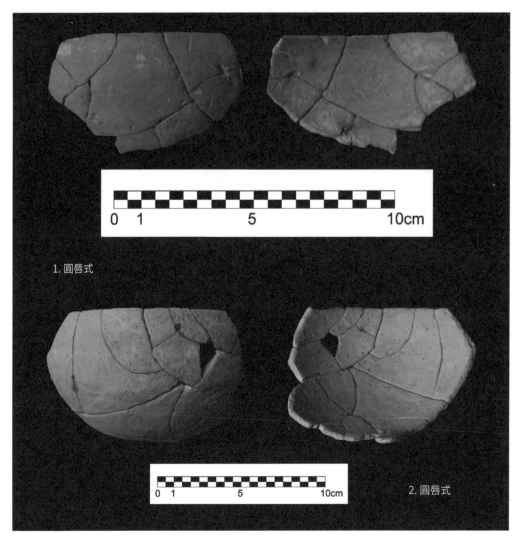

1. 圓唇式

2. 圓唇式

圖版 66　缽形器口緣形式 (1/2)

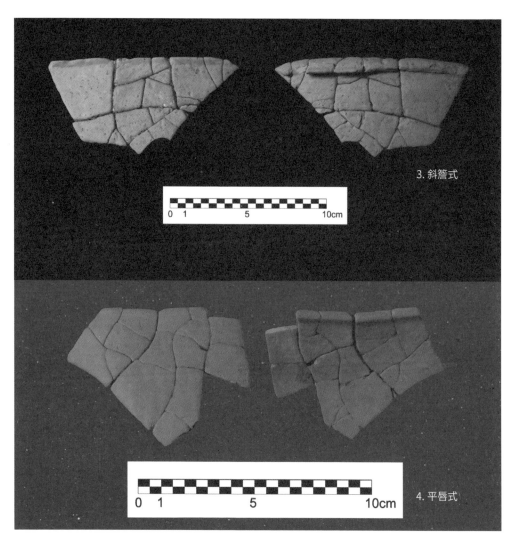

3. 斜簷式

0 1 5 10cm

4. 平唇式

0 1 5 10cm

圖版 66　缽形器口緣形式 (2/2)

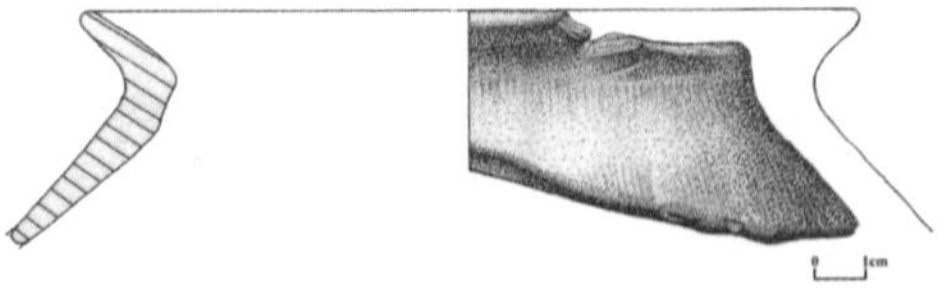

1. 直侈外敞口

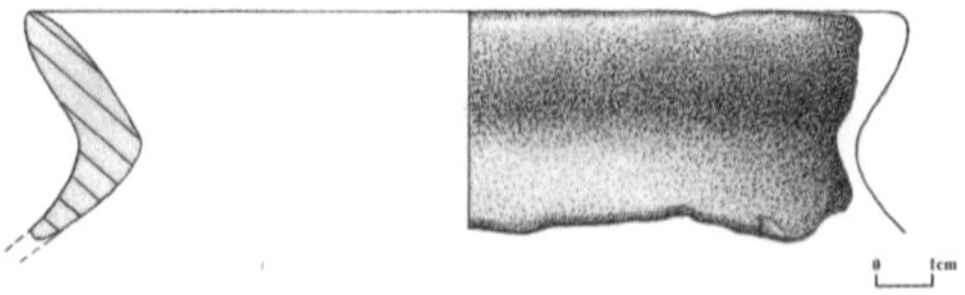

2. 直侈外敞口

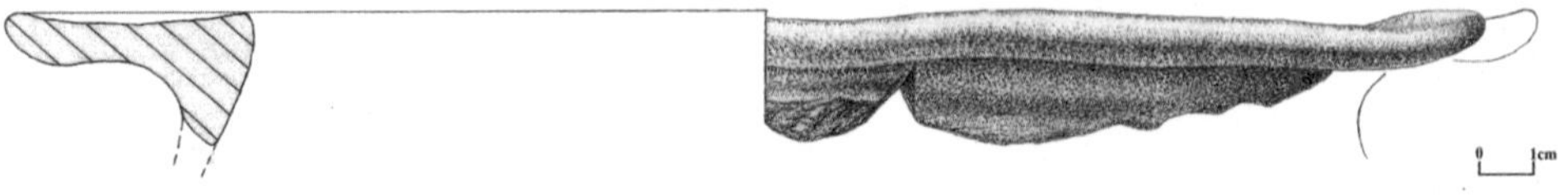

3. 近平敞厚頸矮口

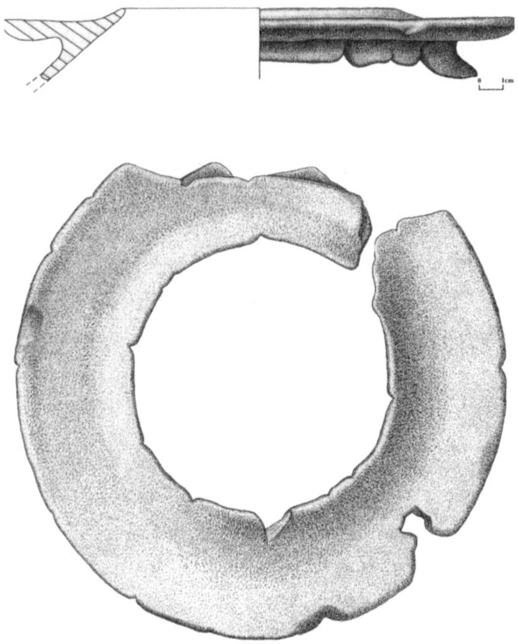

4. 下敞厚頸矮口

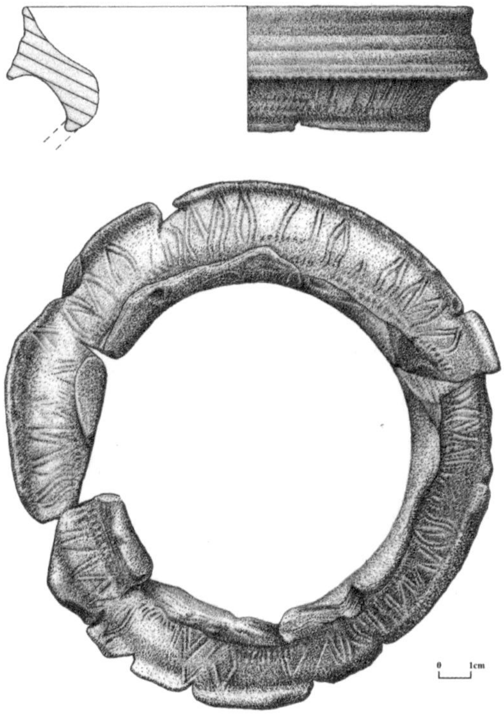

5. 直侈斜平唇口

圖 36　罐形器口緣形式圖

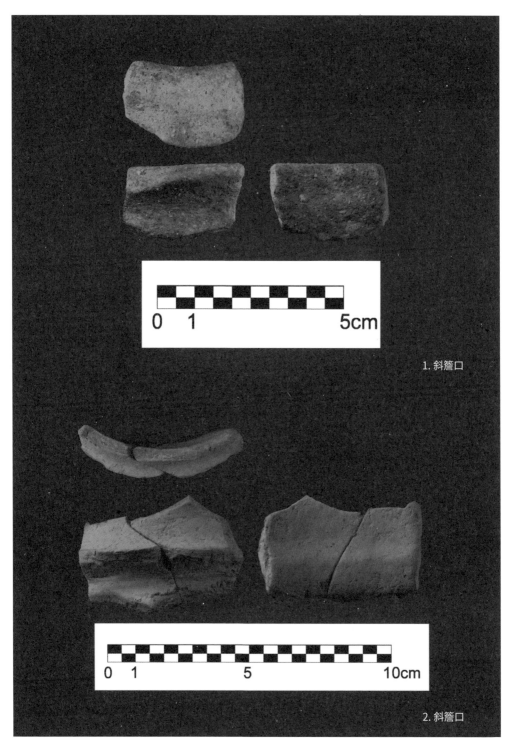

1. 斜簷口

2. 斜簷口

圖版 67　罐形器口緣形式 (1/10)

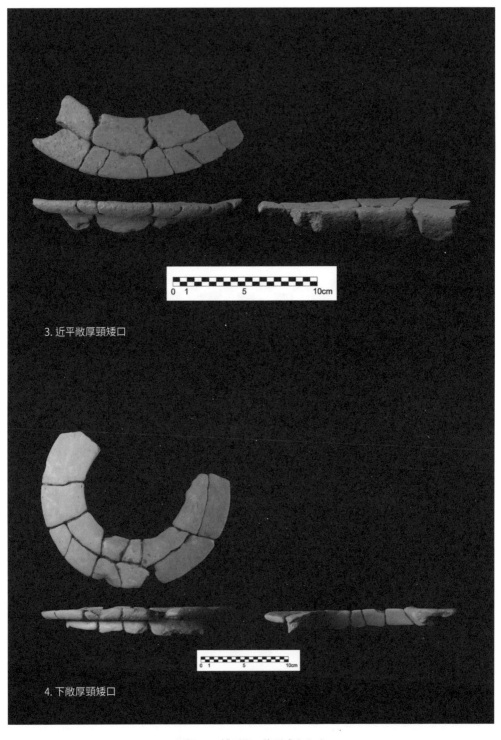

3. 近平敞厚頸矮口

4. 下敞厚頸矮口

圖版 67　罐形器口緣形式 (2/10)

鼓山崎腳的考古發掘

5. 直侈外敞口

6. 直侈外敞口

圖版 67　罐形器口緣形式 (3/10)

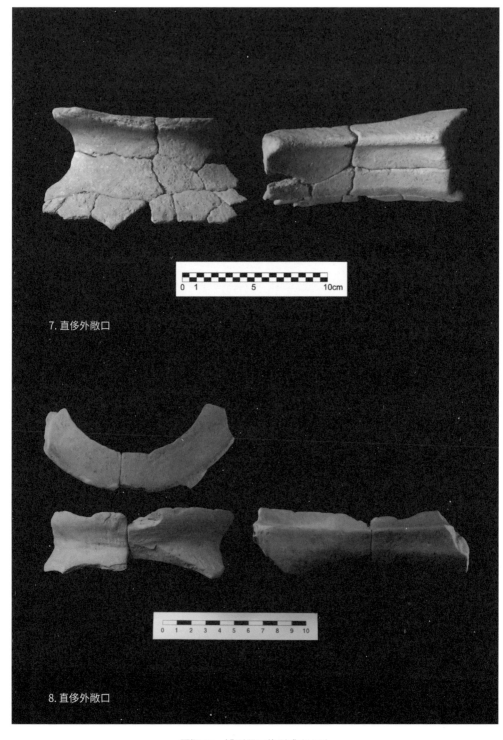

7. 直侈外敞口

8. 直侈外敞口

圖版 67　罐形器口緣形式 (4/10)

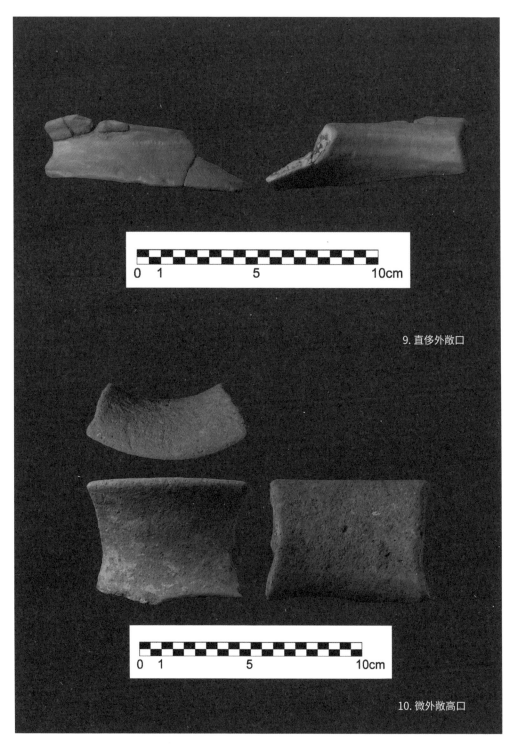

9. 直侈外敞口

10. 微外敞高口

圖版 67　罐形器口緣形式 (5/10)

11. 微外敞高口

12. 唇緣外撇豎口

圖版 67　罐形器口緣形式 (6/10)

chapter 5

13. 近頸折處加厚微侈口

14. 近頸折處加厚微侈口

圖版 67　罐形器口緣形式 (7/10)

15. 直侈斜平唇口

16. 外敞斂唇厚頸口

圖版 67　罐形器口緣形式 (8/10)

鼓山崎腳的考古發掘

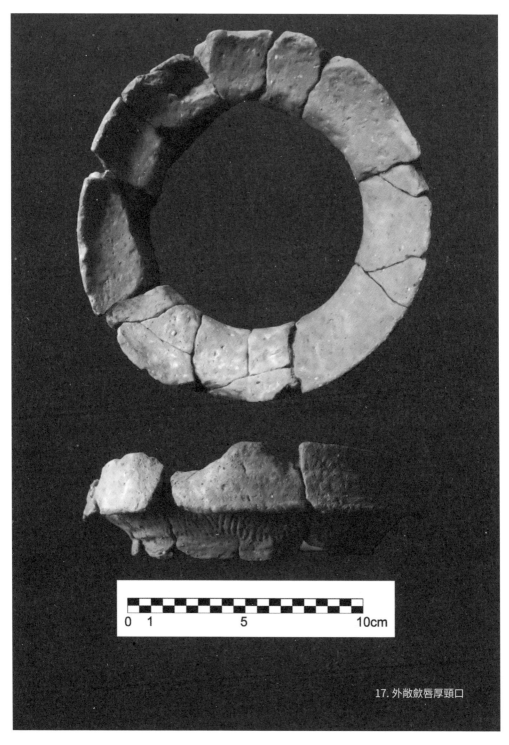

17. 外敞斂唇厚頸口

圖版 67　罐形器口緣形式 (9/10)

18. 極短口

19. 口緣修整痕

圖版 67　罐形器口緣形式 (10/10)

(2) 折肩

　　除了圓弧的頸肩外，本次共計出土 121 件折肩，總重 1,976.5 公克，皆為外側角轉而內側弧轉的形式，且大多於轉折附近的肩部與腹部施有紋飾（圖版 68、圖版 69），素面折肩共 37 件，帶紋飾之折肩共 84 件。

　　折肩於各材質之中，以大坌坑文化之淺黃橙夾砂陶占多數（圖表 4），共 74 件，總重 1,561.5 公克，包含 5 件素面折肩與 69 件紋飾折肩，大多帶紋飾（圖 37、圖版 68）。其次為橙色近泥質陶，共 34 件，總重 269.7 公克，包含 23 件素面折肩與 11 件紋飾折肩，大多為素面折肩。橙色細砂陶共 9 件，總重 60.4 公克，包含 5 件素面折肩與 4 件紋飾折肩。橙色粗砂陶共 4 件，84.9 公克，皆為素面折肩。紋飾類型包含繩紋與劃紋，而劃紋僅出現於大坌坑文化之淺黃橙夾砂陶，大多施於折肩以上的肩部，僅 1 件施於腹部。

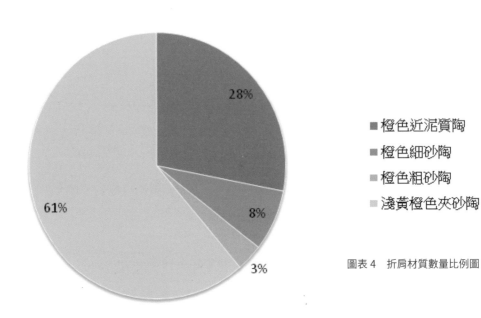

28%

8%

61%

3%

■ 橙色近泥質陶

■ 橙色細砂陶

■ 橙色粗砂陶

■ 淺黃橙色夾砂陶

圖表 4　折肩材質數量比例圖

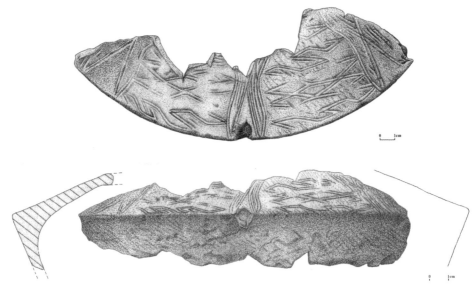

圖 37　大坌坑文化紋飾折肩

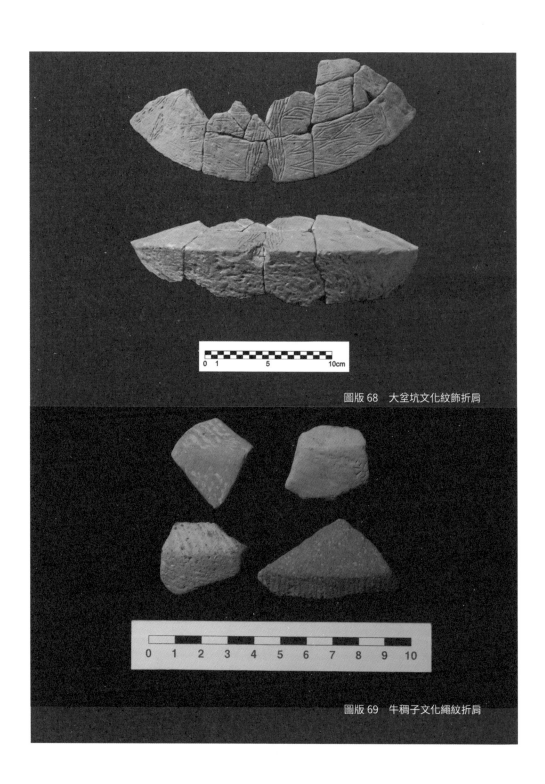

圖版 68　大坌坑文化紋飾折肩

圖版 69　牛稠子文化繩紋折肩

(3) 底部與圈足

　　本次發掘共計出土底部與圈足 238 件，總重 7,382.8 公克，其中僅 6 件為較完整的底部，其餘大多數為圈足與底部相連的殘件。於可辨識形式的近完整底部中，可區分為平底 2 件，分別重 122.3 公克與 13.4 公克，材質皆為橙色近泥質陶，應屬於無圈足的形式（圖版 70：1）；凹底 2 件，分別為淺黃橙色夾砂陶，重 35.0 公克，與橙色近泥質陶，重 32.9 公克，應都屬無圈足形式（圖版 70：2）；另有 2 件近完整圜底，皆搭配圈足，分別為橙色細砂陶，重 58.8 公克，及淺黃橙色夾砂陶，重 133.9 公克。除此之外，底部的形式大多只能從圈足的形式推測，可能以圜底居多。以下依照侈張角度與弧度區分為 5 種形式（圖表 5、圖表 6）：

i.　矮圈足：140 件，重 2,790.6 公克。最常見形式，長少於 2 公分，含直侈或至足底微歛者，侈張角度皆小，足底有平唇、圓唇、尖唇（圖 38：1；圖版 71）。

ii. 寬圈足：共 30 件，總重 1,017 公克。圈足向外直侈，或至足底微斂，侈張角度大，足寬大於足高（圖版 74）。

iii. 外翻圈足：共 4 件，總重 128.1 公克。圈足向外翻轉，且與腹部相接處呈弧轉，轉折不明顯（圖 38：2；圖版 73）。

iv. 直侈／微凹弧轉近底部微加厚圈足：共 30 件，總重 1,358.8 公克。圈足向外直侈或微凹弧轉，侈張角度不大，至足底微加厚（圖版 72）。

v. 凹弧轉外敞圈足：共 17 件，總重 1,659.2 公克，皆屬於大坌坑文化的淺黃橙夾砂陶。圈足整體呈凹弧曲線，足底微向外翻捲，整體呈喇叭形，通常較高與厚重。圈足與底部相接處常見繩紋，足底常見弦紋（圖 38：3；圖版 75）。

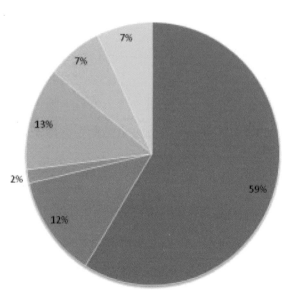

■ A.矮圈足
■ B.寬圈足
■ C.外翻圈足
■ D.直侈／微凹弧轉近底部微加厚圈足
■ E.凹弧轉外敞圈足
■ 無法判斷

圖表 5　圈足形式數量比例圖

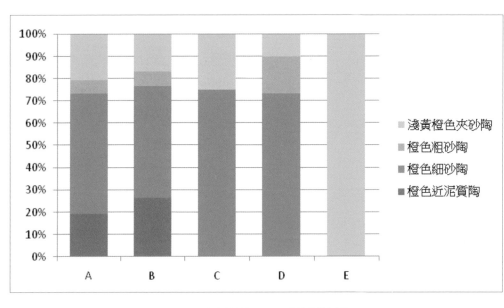

■ 淺黃橙色夾砂陶
■ 橙色粗砂陶
■ 橙色細砂陶
■ 橙色近泥質陶

圖表 6　陶片材質與圈足形式數量比例圖

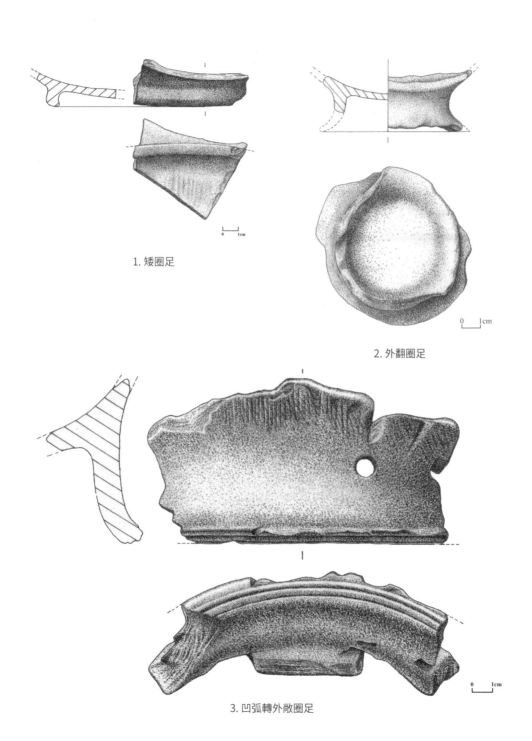

1. 矮圈足

2. 外翻圈足

3. 凹弧轉外敞圈足

圖 38　圈足標本繪圖

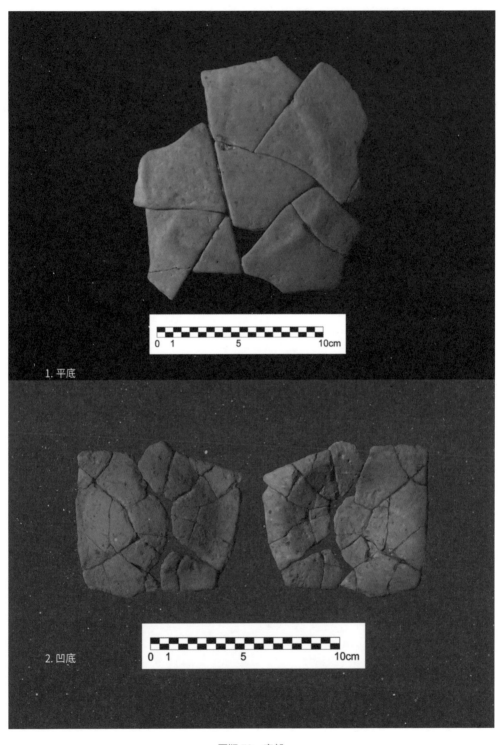

1. 平底

2. 凹底

圖版 70　底部

chapter 5

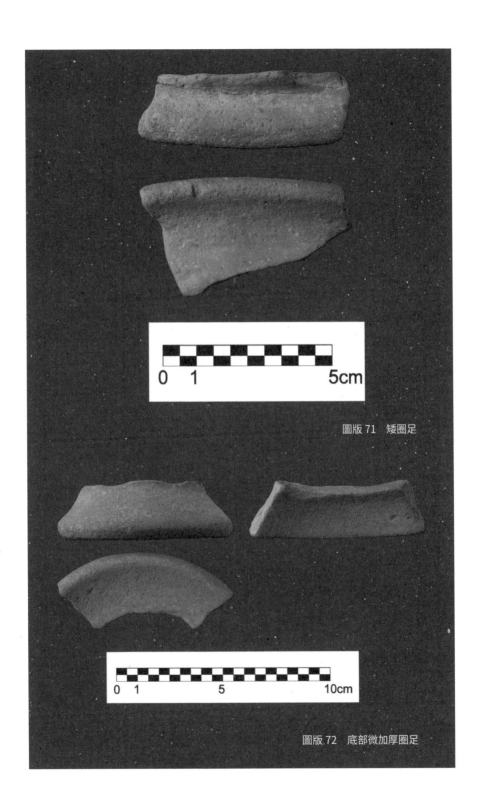

圖版 71　矮圈足

圖版.72　底部微加厚圈足

圖版 73　圜底外翻圈足

鼓山崎腳的考古發掘

chapter 5

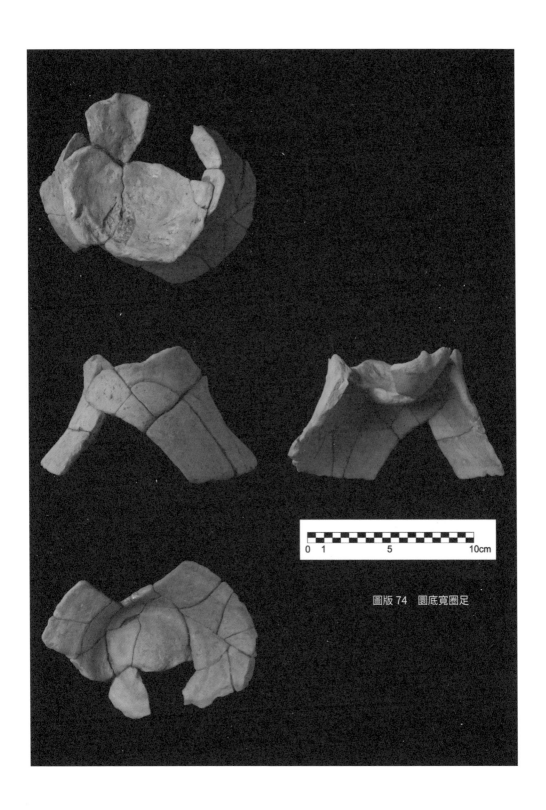

圖版 74　圜底寬圈足

圖版 75　圓底凹弧轉外敞圈足

(4) 蓋與蓋把

本次發掘出土之陶蓋及蓋把共 30 件，總重 567.9 公克，材質以素面之橙色泥質陶為多，其中僅有 1 件為地表採集，其餘皆出自文化層，包含有 2 件出土自灰坑。

陶蓋共 16 件，總重 366.5 公克（表 10），皆為蓋緣殘件而不包含蓋把，形式皆為盆形蓋（圖版 76），直徑約 10 至 12 公分，材質以橙色泥質陶為主，僅 1 件為橙色細砂陶。

蓋把共 14 件，總重 201.4 公克（表 11），把座大多佚失，而依照縱剖面形狀可區分為圓錐形（圖版 77：1、2）與雙叉形（圖 39）兩種類別。以圓錐形較多，共 8 件，總重 73.8 公克，其中 7 件為橙色泥質陶，1 件為暗橙色夾高密度石英砂陶。雙叉形蓋把共有 3 件，總重為 54.7 公克，整體其外形似「Y」字形。又可再依把身之橫剖面的形狀區分為圓雙叉（圖版 77：4）與扁雙叉（圖版 77：3），其中 2 件圓雙叉形蓋把為橙色泥質陶，1 件扁雙叉形蓋把為橙色細砂陶。

另外有 3 件僅餘把座而無法判斷形式，總重 72.9 公克，皆為橙色泥質陶。

表 10 陶蓋出土位置及測量資訊表

遺物編號	坑位	層位	區位	陶類	重量 (g)	直徑 (mm)	厚度 (mm)
CL-05	20	30	C	橙色近泥質陶	47.8		7.87
CL-07	24	29	A	橙色近泥質陶	5.6		5.83
CL-08	27	24	B	橙色近泥質陶	52.2		5.93
CL-09	27	25	D	橙色近泥質陶	26.5	120	4.61
CL-10	36	27	D	橙色近泥質陶	5.2		2.08
CL-15	46	16	C	橙色近泥質陶	13.0		4.72
CL-17	54	19	A	橙色近泥質陶	15.8		4.73
CL-18	74	12	C	橙色近泥質陶	45.4	110	5.32
CL-19	74	13	B	橙色近泥質陶	7.7		4.04
CL-20	79	12	A	橙色近泥質陶	26.7		5.94
CL-21	79	14	A	橙色近泥質陶	19.1	120	7.33
CL-22	82	15	B	橙色細砂陶	51.2	100	3.41
CL-26	86	18	A	橙色近泥質陶	26.9	70	4.01
CL-28	36	28	A	橙色近泥質陶	14.5		4.75
CL-29	45	13	D	橙色近泥質陶	4.8		3.59
CL-30	79	15	B	橙色近泥質陶	4.1		5.89

鼓山崎腳的考古發掘

表 11　蓋把出土位置及測量資訊表

遺物編號	坑位	層位	區位	陶類	把形式	重量 (g)	把長 (mm)	把底徑 (mm)	把頂徑 (mm)
CL-01	SC			橙色近泥質陶	圓錐	12.6	42.00	27.07	7.95
CL-02	17	23	C	橙色近泥質陶	圓錐	3.2	13.18	17.75	
CL-03	17	23	C	橙色近泥質陶	圓雙叉	3.2	21.40	14.55	
CL-04	20	30	C	橙色近泥質陶	圓錐	7.2	40.94	22.75	7.85
CL-06	20	30	C	橙色近泥質陶	圓錐	8.4	35.47+	22.58	11.85
CL-11	41	24	A	橙色近泥質陶	圓錐	3.3	31.72	11.60	6.04
CL-12	42	37	F1	橙色近泥質陶	圓錐	14.3	64.09	27.39	7.59
CL-13	43	27	F1	橙色近泥質陶		16.2		38.66	
CL-14	45	13	D	橙色近泥質陶		20.9	27.20+	35.13	19.04
CL-16	53	19	D	暗褐色夾石英陶	圓錐	3.1	13.62+	14.02	
CL-23	83	13	C	橙色細砂陶	扁雙叉	20.5	35.40	25.19	
CL-24	84	13	B	橙色近泥質陶	圓雙叉	31.0	63.45+	22.36	
CL-25	85	13	B	橙色近泥質陶	圓錐	21.7	58.16	24.90	8.42
CL-27	74	12	C	橙色近泥質陶		35.8	23.66+	25.45	

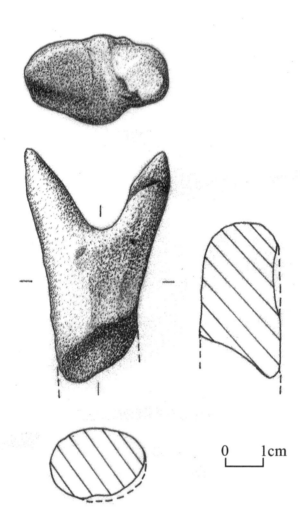

圖 39　雙叉形蓋把 (1/2)

0 ⌊1cm

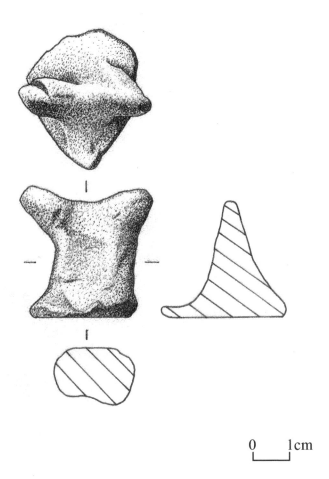

0 1cm

圖 39　雙叉形蓋把 (2/2)

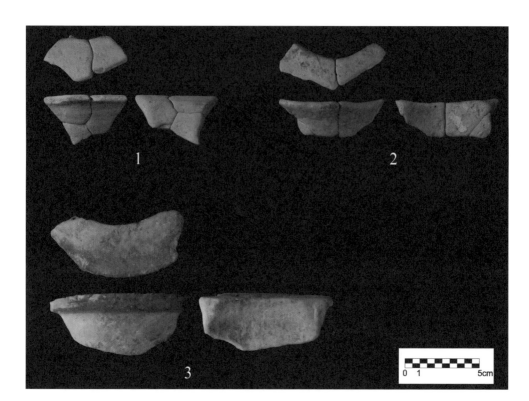

圖版 76　陶蓋

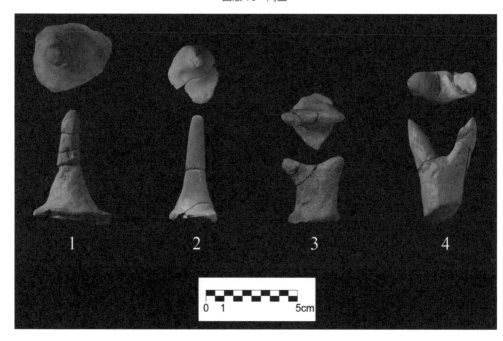

圖版 77　蓋把

3. 非容器類陶質遺物

(1) 陶環

　　「環」是常見的人身裝飾品，從大小來看主要配戴於手腕部，從石器時代至鐵器時代可見多種材質，如陶、石、玉、骨、貝、玻璃或金屬等，若干表面尚飾有紋樣。

　　本次發掘共計出土 6 件素面陶環，總重 39.1 公克，其中除了 1 件為地表採集之外，其餘 5 件皆出土自文化層（表 12）。陶環顏色包含橙色與灰黑色，材質皆為泥質（圖版 78）。依照橫剖面形狀可區分為圓形（圖 40：1）、扁方形及弧轉三角形（圖 40：2），其中以圓形最多，共 4 件，總重 28.7 公克，包含 2 件橙色陶環、2 件灰黑色陶環，以及扁方型和弧轉三角形各 1 件，皆為橙色陶環（表 13）。

表 12　陶環出土位置與測量資訊表

遺物編號	坑位	層位	區位	陶類	剖面形狀	重量 (g)	內徑 (mm)	厚度 (mm)	寬度 (mm)
CR-01	SC			橙色泥質陶	圓形	0.2		4.34	4.34
CR-02	8	19	B	灰黑色泥質陶	扁方形	0.6		3.76	6.41
CR-03	77	17	B	橙色泥質陶	圓形	0.5	30	5.39	5.39
CR-04	81	18	A	灰黑色泥質陶	三角形	9.8	70	7.96	8.30
CR-05	81	18	A	灰黑色泥質陶	圓形	12.9	55	7.19	7.19
CR-06	81	18	A	灰黑色泥質陶	圓形	15.1		7.02	7.02

表 13　陶環材質與剖面形狀數量與重量統計表

		黑色泥質陶		橙色泥質陶		總計	
		件數	重量 (g)	件數	重量 (g)	件數	重量 (g)
剖面形狀	三角形	1	9.8			1	9.8
	扁方形	1	0.6			1	0.6
	圓形	2	28	2	0.7	4	28.7
	總計	4	38.4	2	0.7	6	39.1

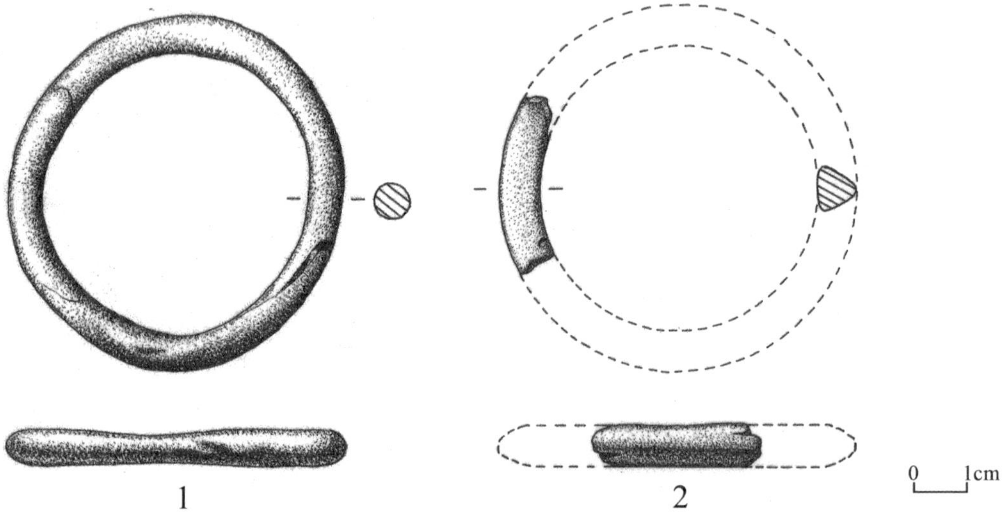

1　　　　　　　　　2

圖 40　陶環標本繪圖

圖版 78　陶環

chapter 5

(2) 陶紡輪

　　紡輪為古代紡線製繩的用具，常見有陶製與石製。紡輪的器身中央帶有一孔，可插入木棍，並利用紡輪重量及旋轉產生的離心力將動、植纖維捻緊成線繩。

　　本次發掘共出土 10 件紡輪，總重 234.7 公克，材質皆為素面橙色泥質陶。依照器身的縱剖面形狀可區分為弧底三角形（圖 41：1、2；圖版 79：1、2、圖版 80：1、2）與菱形（圖 41：3；圖版 79：3、4、圖版 80：3、4）兩種形式。其中以弧底三角形為多，共 8 件，總重 167.4 公克；菱形 2 件，總重 67.3 公克。除了 1 件紡輪為地表採集之外，其餘皆出土自文化層，詳細資料如表 14。

表 14 陶紡輪出土位置及測量資訊表

遺物編號	坑位	層位	區位	陶類	剖面形狀	重量 (g)	長度 (mm)	直徑 (mm)	孔徑 (mm)
CW-01	SC			橙色泥質陶	菱形	31.9	31.81	38.71	6.11
CW-02	2	17	A	橙色泥質陶	三角形	17.9	24.54	34.04	6.59
CW-03	38	23	C	橙色泥質陶	三角形	25.7	37.85	35.75	5.47
CW-04	46	15	B	橙色泥質陶	三角形	23.5	34.24	36.11	6.16
CW-05	55	15	A	橙色泥質陶	三角形	17.2	33.47	37.29	5.40
CW-06	55	15	C	橙色泥質陶	三角形	18.2	32.36	34.28	5.88
CW-07	65	15	D	橙色泥質陶	菱形	35.4	30.73	39.56	6.22
CW-08	74	13	A	橙色泥質陶	三角形	21.0	35.80	45.00	6.19
CW-09	83	13	C	橙色泥質陶	三角形	21.5	32.64	34.82	4.86
CW-10	83	13	C	橙色泥質陶	三角形	22.4	33.87	34.63	4.28

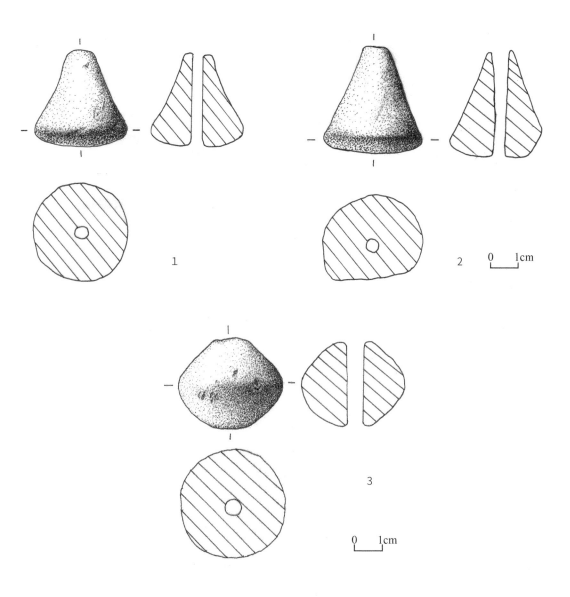

圖 41 紡輪標本繪圖

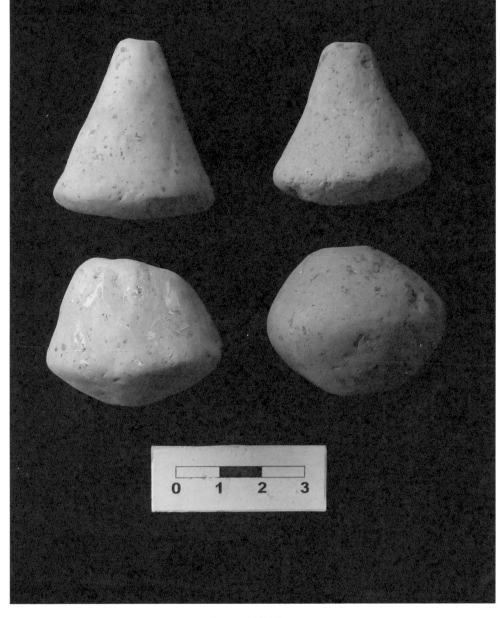

圖版 79　紡輪側視照

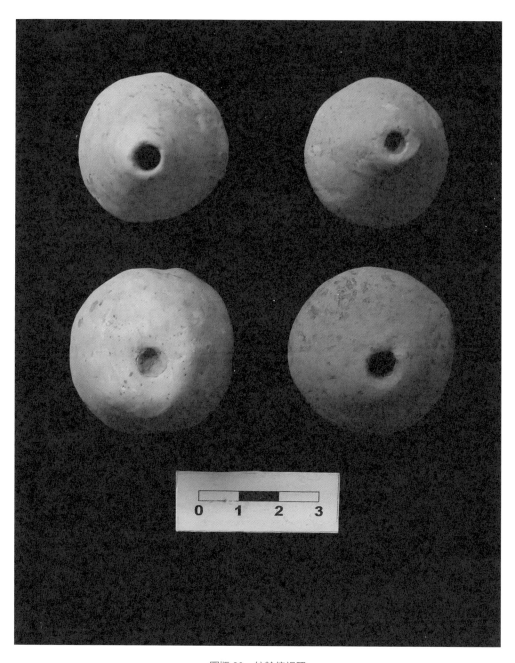

圖版 80　紡輪俯視照

(3)裝飾品與不明陶質遺物

　　若干器物不易辨別種類或使用功能，僅能做粗略推測。如本次出土1件穿孔陶質器物，重42.0公克，材質為橙色夾細砂陶，形狀為圓角矩形陶板，器身長6.59公分，寬4.50公分，厚1.46公分，沿長邊穿有2孔，孔徑為0.33公分。此類穿孔陶板亦常發現於牛稠子文化中，推測應可穿繩作為裝飾品，暫稱為穿孔陶飾（圖42；圖版81）。

　　另有5件不明器形或功能之陶質遺物，總重180.9公克。其中1件為長板狀陶器（圖版82：1），長5.16公分，寬3.32公分，厚1.01公分，器身略弧轉，中央有一淺凹槽；1件為實心圓柱狀之陶條（圖版82：2），長3.94公分，直徑約2.68公分；另3件不明陶質遺物形似口緣或圈足的殘件（圖版82：3~5）。

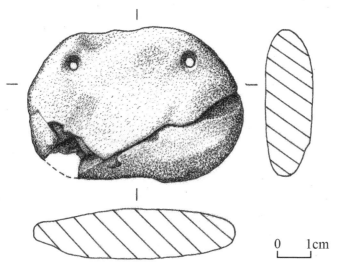

圖 42　穿孔陶飾

圖版 81　穿孔陶飾

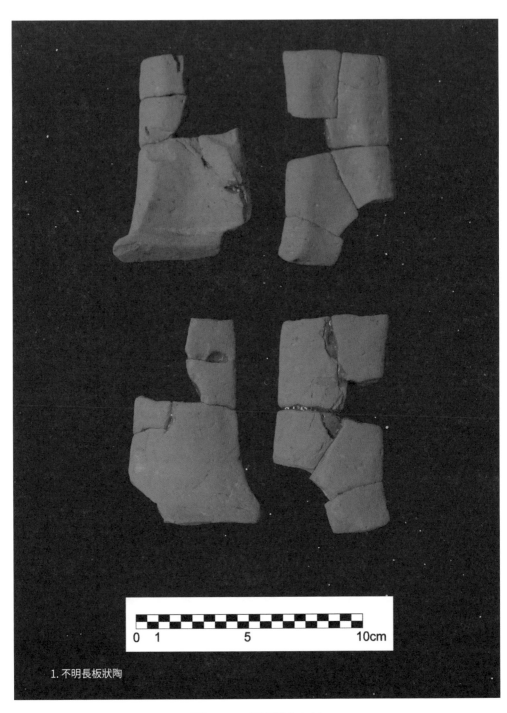

1. 不明長板狀陶

圖版 82　不明陶質遺物 (1/3)

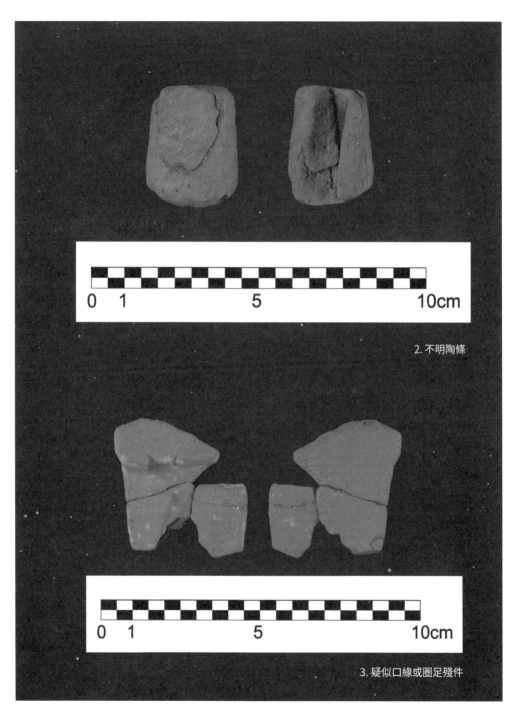

2. 不明陶條

3. 疑似口緣或圈足殘件

圖版 82　不明陶質遺物 (2/3)

4. 疑似口緣或圈足殘件

5. 疑似口緣或圈足殘件

圖版 82　不明陶質遺物 (3/3)

chapter 5

（二）石質遺留

　　本遺址內涵屬新石器時代，故可見不少石質器物。本次發掘共出土 78 件，總重約 8,672 公克。其中，可辨識器型與功能者包含石鏃 2 件、石刀 1 件、石鏟 14 件、斧鋤形器 13 件、石錘 2 件、砥石 12 件；較難辨識器型者包含石器半成品 1 件、不明部位石器殘件 2 件、石片及石塊 31 件（圖表 7）。

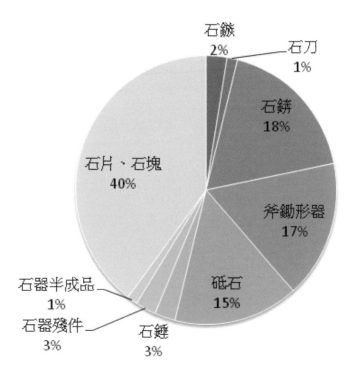

圖表 7　石質遺物種類數量比例圖

石質遺留大部分出土於文化層或文化層底部，僅5件為地表採集所得。可確定器型者以斧鋤形器、石鏃、砥石為多，而石材則以橄欖石玄武岩及砂岩、板岩為

表 15　石質遺物種類與材質統計表

	石鏃		石刀		石鑿		斧鋤形器		石錘	
	件數	重量(g)	件數	重量(g)	件數	重量(g)	件數	重量(g)	件數	重量(g)
橄欖石玄武岩					9	715.5	13	764.1		
變質玄武岩					3	271.4				
板岩	2	16.6	1	10.8						
砂岩									2	1,169.8
變質砂岩										
閃玉					2	100.7				
頁岩										
總計	2	16.6	1	10.8	14	1,087.6	13	764.1	2	1,169.8

鼓山崎腳的考古發掘

多，另外亦有出土 2 件玉質及 3 件變質玄武岩質的石錛。
石質遺留的石材以及在各層位的出土數量及重量請見表
15、表 16。

砥石		石器半成品		不明部位 石器殘件		石片		石塊		總計	
件數	重量 (g)	件數	重量 (g)	件數	重量 (g)	件數	重量 (g)	件數	重量 (g)	件數	重量 (g)
				2	23.6	1	1.6			25	1,504.8
										3	271.4
						4	20.0	3	759.4	10	806.8
12	2,333.7					1	9.2	9	1,040.4	24	4,553.1
								8	834.3	8	834.3
										2	100.7
		1	158.0					5	442.9	6	600.9
12	2,333.7	1	158.0	2	23.6	6	30.8	25	3,077.0	78	8,672.0

表 16　各層位石質遺物種類與數量表

	石刀		石片		石塊		石器殘件		石錛	
	件數	重量 (g)	件數	重量 (g)	件數	重量 (g)	件數	重量 (g)	件數	重量 (g)
SC					1	181.2			1	65.7
L10			1	2.8						
L12					2	208.1	1	74.9	1	42.6
L13			1	1.6			1	7.7	2	219.3
L14			1	14.6	1	44.3	1	36.8		
L15					6	358.4	1	15.9	1	52.1
L17	1	10.8			2	84.8			1	35.0
L18					3	260.2			1	128.6
L19			1	1.6	2	828.7	2	148.6		
L20										
L21					1	14.5			1	179.9
L22					1	233.7				
L23									2	104.1
L24			1	1.0						
L25										
L27					1	12.0				
L28					1	11.2				
L29					1	129.7				
L30										
L31			1	9.2	1	108.8				
L32					3	759.4				
界牆										

鼓山崎腳的考古發掘

石錘		石鏃		斧鋤形器		砥石		總計	
件數	重量 (g)	件數	重量 (g)	件數	重量 (g)	件數	重量 (g)	件數	重量 (g)
				3	256.8			5	503.7
								1	2.8
				1	25.9	1	18.6	6	370.1
				2	48.7	3	628.0	9	905.3
								3	95.7
2	1,169.8			2	83.1	1	56.6	13	1,735.9
		1	10.1	1	54.8	3	1,146.7	9	1,342.2
		1	6.5					5	395.3
								5	978.9
				1	155.8			1	155.8
				1	8.9			3	203.3
								1	233.7
				1	94.2			3	198.3
						1	190.3	2	191.3
						1	77.0	1	77.0
								1	12.0
				1	35.9			2	47.1
								1	129.7
						1	64.3	1	64.3
								2	118.0
								3	759.4
						1	152.2	1	152.2

1. 石鏃

石鏃為裝置在箭柄前端的箭頭，可配合弓的射出以刺傷對象，為古代常見的獵具或武器。本次發掘出土石鏃 2 件，材質皆為板岩，不帶鋌或柄，底部平直，形狀呈銳角三角形，器身扁平（圖 43；圖版 83）。

S-01 留存部分較完整，尖端略微缺損，長約 7.58 公分，寬約 3.17 公分，厚度約 0.36 公分，重量約 10.1 公克。器身中心穿有 3 孔，雙面對穿，排列略成一直線，由上而下孔徑分別為：0.17、0.23、0.46 公分。

S-02 殘缺較多，殘件長約 4.09 公分，寬約 2.95 公分，厚度約 0.38 公分，重量約 6.5 公克。見有 2 處穿孔，非等距雙面對穿，由上而下孔徑分別為：0.26、0.25 公分。

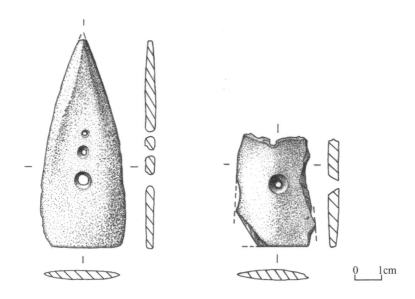

圖 43　板岩質石鏃
（左：S-01、右：S-02）

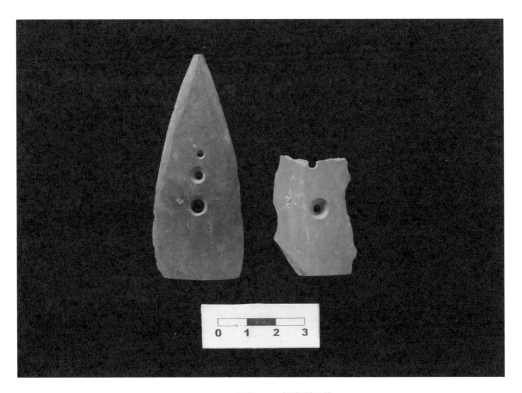

圖版 83　板岩質石鏃
（左：S-01、右：S-02）

2. 石刀

　　石刀的特徵是器身的一側邊帶有較鋒利的刃線，另一側邊常帶有穿孔，功能是作為摘取穀類作物之穀穗的農業用具。本次發掘出土 1 件石刀殘件，缺損逾半，材質為板岩，原應為半月形，長約 5.02 公分，寬約 4.29 公分，厚度約 0.42 公分，重量約 10.1 公克。靠近柄部有 1 處雙面對穿之穿孔，孔徑 0.36 公分（圖版 84）。

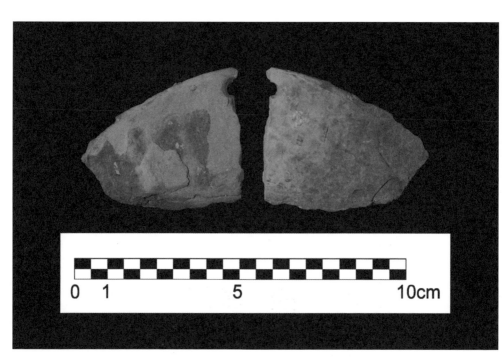

圖版 84　石刀（正、反面）

鼓山崎腳的考古發掘

3. 石錛

　　石錛的特徵是一端偏鋒帶刃，器身磨製，可能作為加工木材之工具，是臺灣極常見的石器種類之一。

　　本次發掘出土石錛 14 件，皆磨製，器身光滑而刃部銳利。所使用石材為閃玉 2 件，總重 100.7 公克（圖 44；圖版 85）；橄欖石玄武岩 9 件，總重 715.5 公克（圖 46~ 圖 48；圖版 86）；變質玄武岩 3 件，總重 271.4 公克（圖 45；圖版 86）。其中 1 件閃玉質石錛為地表採集，其餘皆出土自文化層。石錛的外形因石材而有所差異，閃玉質的外形較為細長而厚度一致，橄欖石玄武岩質的石錛形式通常較長而扁平，變質玄武岩質的石錛則較短而圓厚。

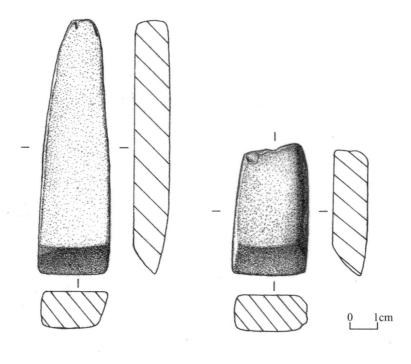

圖 44　閃玉質石錛

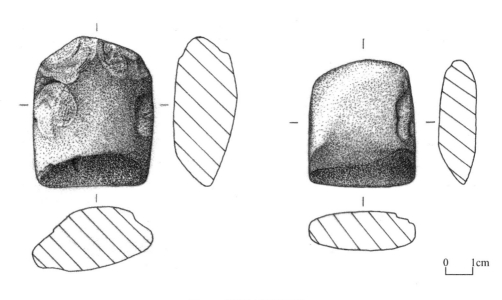

圖 45　變質玄武岩質石錛

鼓山崎腳的考古發掘

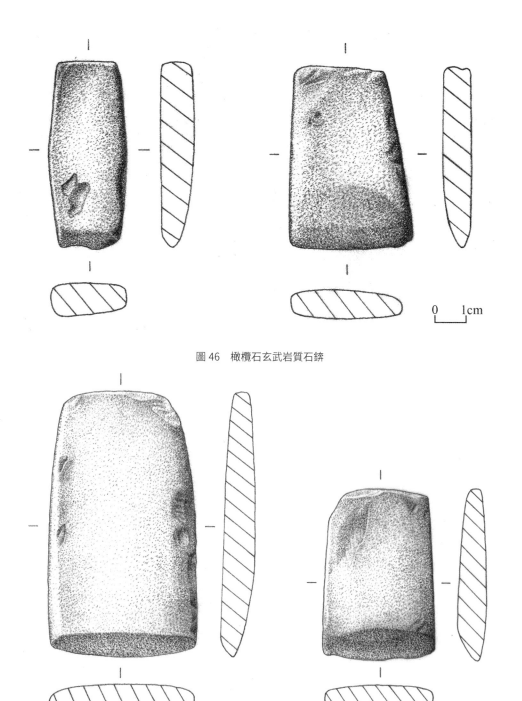

圖 46　橄欖石玄武岩質石錛

圖 47　橄欖石玄武岩質石錛

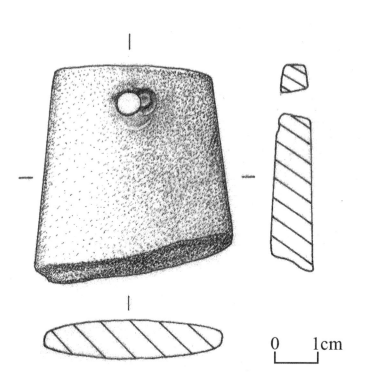

圖 48　橄欖石玄武岩質石錛柄部殘件

圖版 85　閃玉質石錛

圖版 86　石錛
（上：變質玄武岩，下：橄欖石玄武岩）

4. 斧鋤形器

由於石斧（木材加工工具）或石鋤（鋤地農具）在形態上不易完全辨別，故統稱為斧鋤形器。本發掘出土之斧鋤形器共 13 件，皆為橄欖石玄武岩質，總重 764.1 公克，多數通體磨製而成，少部分留有較大面積打剝痕，器身磨面光滑而刃部銳利（圖 49；圖版 87）。

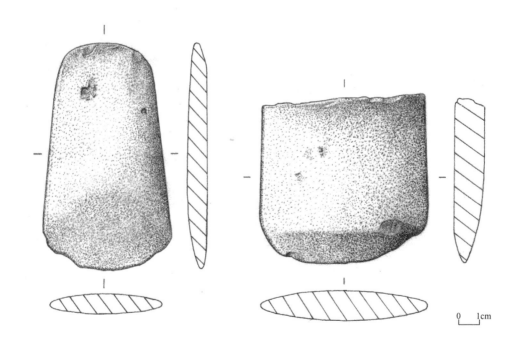

圖 49　橄欖石玄武岩質斧鋤形器

圖版 87　橄欖石玄武岩質斧鋤形器

5. 石錘

　　石錘是主要用於捶打的多功能工具，屬史前臺灣常
見之石器種類。本次共出土 2 件，總重 1,169.8 公克，呈
厚重的圓球狀及短棒狀，器身與兩端可見反覆敲擊產生
的搗擊痕（圖版 88）。

圖版 88　石錘

0　1　　　　5　　　　10cm

鼓山崎腳的考古發掘

6. 砥石

　　砥石或稱礪石、磨石，為磨製其他器物的工具，亦屬史前臺灣常見器物種類。本發掘共出土 12 件，總重 2,333.7 公克，大多形似矩形石塊，於器表可見反覆磨耗造成的凹陷和平滑磨面，材質皆為砂岩（圖版 89；圖版 90）。

圖版 89　砥石

圖版 90　砥石

7. 石器半成品

本次發掘出土 1 件石器半成品,重 158.0 公克,長 1.28 公分、寬 0.62 公分、厚 0.12 公分,材質為頁岩,形似半月形,器身薄,其中一長邊已修整為刃部,另一長邊則有打剝痕,確實種類未明(圖版 91)。

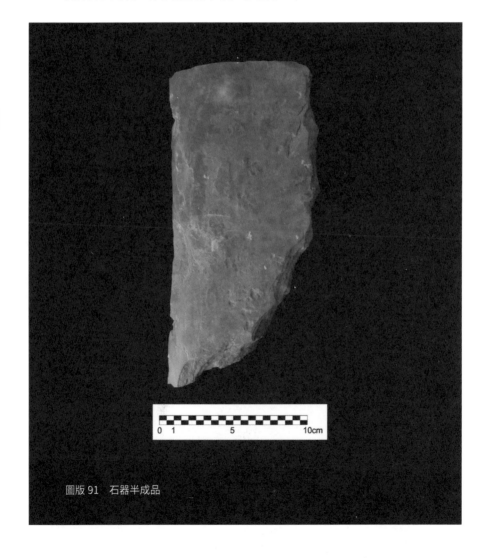

圖版 91　石器半成品

8. 石器殘件、石片與石塊

不明部位之石器殘件 2 件，分別重 7.7 公克及 15.9 公克，材質皆為橄欖石玄武岩，由於殘留部分較少，僅能由單面打磨痕跡及石材判斷原應屬磨製石器之一部分。

石片、石塊共計 31 件，總重 3,107.8 公克。本類可能為器物製作的打剝過程中所留下，材質包含橄欖石玄武岩、板岩、砂岩、變質砂岩、頁岩等。

（三）生態遺留

凡自然界生物的考古埋藏皆屬本類。本次發掘出土之生態遺留種類包含獸骨、魚骨及貝類等，數量不多，總重 6,702.2 公克，以下說明：

1. 獸骨

出土獸骨總重 2,937.8 公克，大部分出土自文化層底部，少數出土自灰坑（表 17），大多數為哺乳動物肢骨的碎片，但通常過於破碎而難以辨別確切種屬與骨骼部位，保存較完整者僅 3 件鹿掌骨、1 件豬掌骨、1 件小型動物的脊椎骨，以及少量鹿齒、豬齒和鹿角等（表 18；圖版 92~ 圖版 96）。

表 17　獸骨種屬與部位之數量及重量統計表

	鹿		豬		種屬不明		總計	
	件數	重量 (g)	件數	重量 (g)	件數	重量 (g)	件數	重量 (g)
肢骨	3	110.3			208	2,085.0	211	2,195.3
掌骨	3	46.8	1	27.5			4	74.3
脊椎					1	0.4	1	0.4
下顎	1	47.3					1	47.3
齒	11	253.7	4	67.0			15	320.7
角	5	299.8					5	299.8
總計	23	757.9	5	94.5	209	2,085.4	237	2,937.8

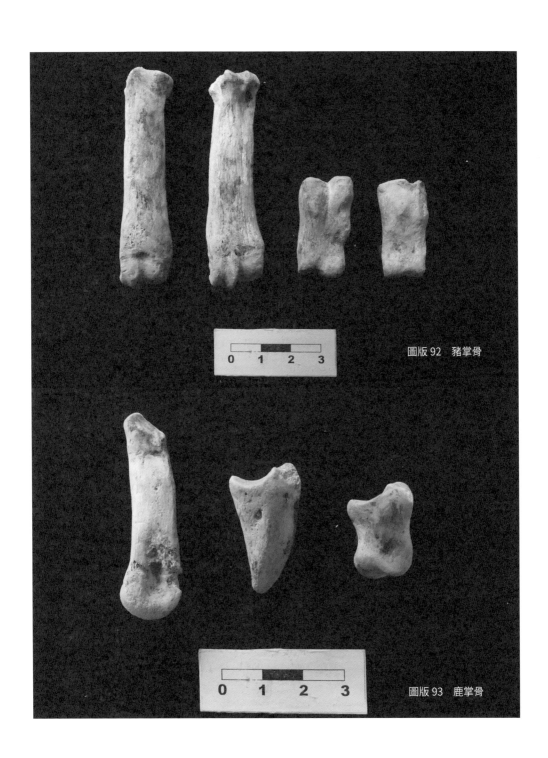

圖版 92　豬掌骨

圖版 93　鹿掌骨

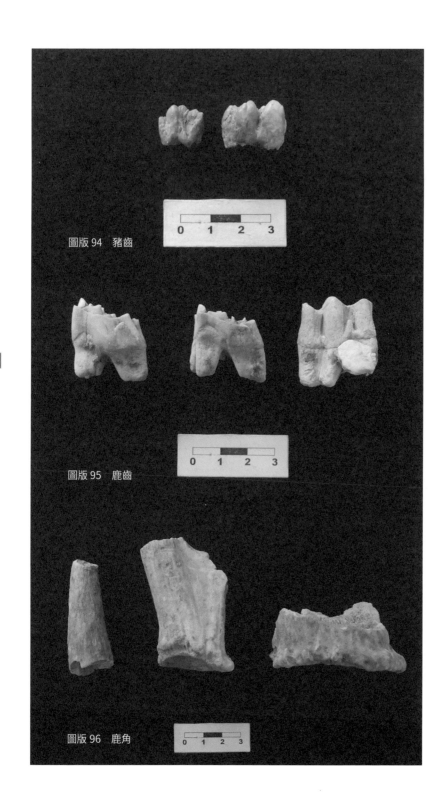

圖版 94　豬齒

圖版 95　鹿齒

圖版 96　鹿角

表 18 各層位之獸骨部位重量統計表

	肢骨	掌骨	脊椎	下顎	齒	角	總計 (g)
SC	171.8						171.8
L12	2.4						2.4
L13	10.0						10.0
L14	27.0						27.0
L15	9.0						9.0
L16	14.1						14.1
L17	13.9						13.9
L18	22.9		0.4				23.3
L19	15.1	5.7					20.8
L20	20.3						20.3
L21	199.8	30.7					230.5
L22	111.3				9.7		121.0
L23	75.9				176.2		252.1
L24	1.1						1.1
L25					1.8		1.8
L26	50.7				9.8		60.5
L27	150.3						150.3
L28	84.7				0.3		85.0
L29	140.9				36.6		177.5
L30	310.2					1.0	311.2
L31	452.0	10.4		47.3	26.4	12.0	548.1
L32	172.7						172.7
L33	8.8				36.3		45.1
L34	34.0				22.9		56.9
L35	16.4					18.9	35.3
L36	40.3						40.3
L37	39.0	27.5				166.0	232.5
L38						101.9	101.9
L39					0.7		0.7
界牆	0.7						0.7
總計 (g)	2,195.3	74.3	0.4	47.3	320.7	299.8	2,937.8

2. 魚骨

　　魚骨共計出土 7 件，總重 12.6 公克。包含 4 件魚脊
椎骨、2 件魚齒，以及 1 件不明部位魚骨（表 19；圖版
97~ 圖版 99）。

表 19　魚骨出土位置及重量資訊表

遺物編號	坑位	層位	區位	名稱	重量 (g)	部位
EF-01	1	17	C	魚骨	1.2	脊椎
EF-02	9	22	B	魚骨	2.3	齒
EF-03	42		F1	魚骨	0.6	脊椎
EF-04	43	28	F1	魚骨	0.3	
EF-05	50	19	C	魚骨	0.1	齒
EF-06	82	19	B	魚骨	4.3	脊椎
EF-07	SC			魚骨	3.8	脊椎

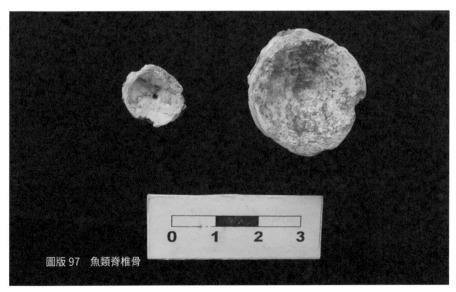

圖版 97　魚類脊椎骨

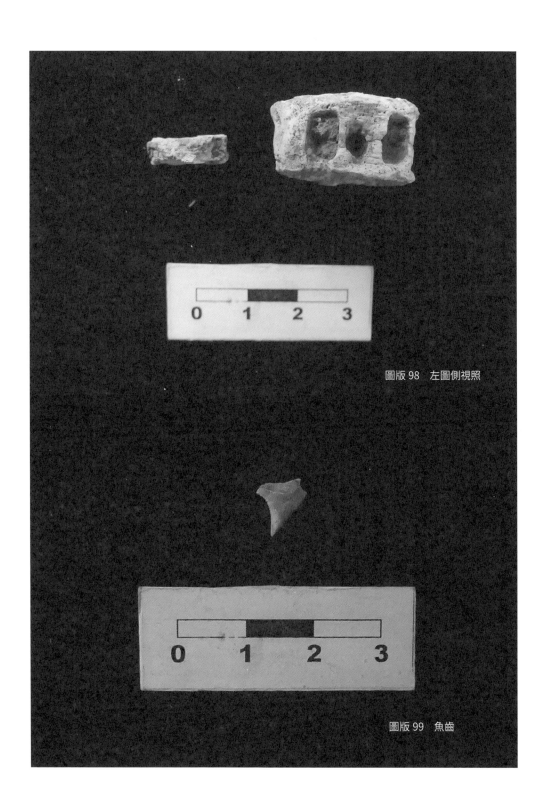

圖版 98　左圖側視照

圖版 99　魚齒

3. 貝類

　　共計出土 35 件，總重 3,751.8 公克，主要出土於文化層下段或是灰坑內（表 20）。出土的貝殼種屬單一，大多為牡蠣碎片（圖版 100），僅 2 件為雲母貝（圖版 101），重 46.7 公克，出土於灰坑。

表 20　貝類出土位置及重量資訊表

| | | 坑位 | | | | | | | | | | | | | 總計 (g) |
		SC	P15	P19	P21	P20	P22	P23	P24	P25	P29	P33	P36	P39	P42	
	SC	57.3														57.3
	L30		46.4			1,133.9									7.5	1,187.8
	L31			14.9		182.9										197.8
層位	L32			449.9		2.7			9.4						28.6	490.6
	L33			82.8			154.7							315.7		553.2
	L34				344.3							20.1		117.7		482.1
	L35				129.3			21.6		116.0						266.9
	L36								57.1		83.9	4.1				145.1
	界牆												371.0			371.0
總計 (g)		57.3	46.4	547.6	473.6	1,319.5	154.7	21.6	66.5	116.0	83.9	24.2	371.0	433.4	36.1	3,751.8

圖版 100　牡蠣

0　1　　　　5　　　　10cm

圖版 101　雲母貝

0　1　　　　5　　　　10cm

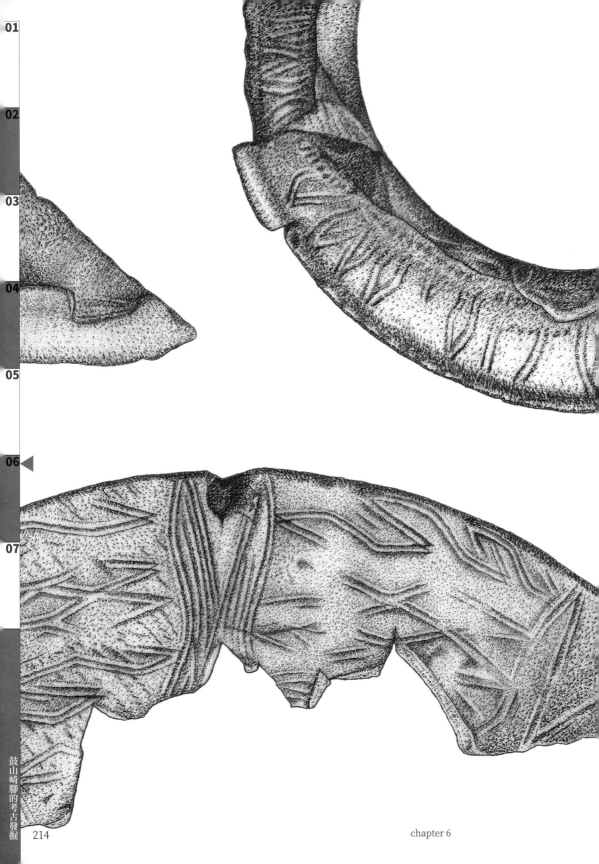

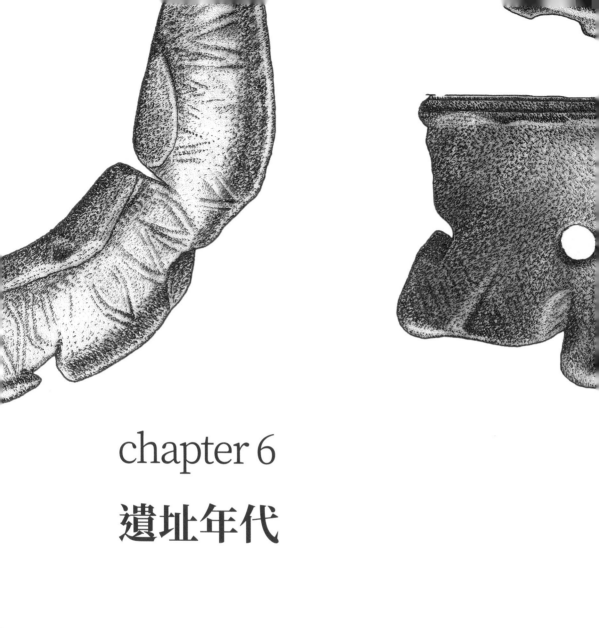

chapter 6

遺址年代

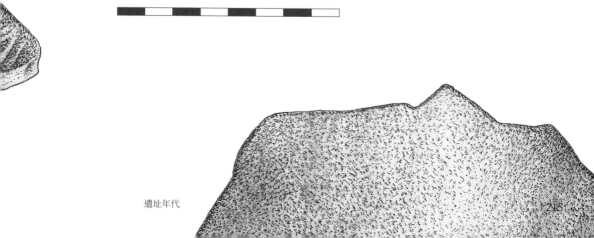

陸、遺址年代

　　本計畫將 1 件出土自上文化層 (P20L30) 的貝殼標本，送至美國 BETA 實驗室進行碳 14 定年，所得結果經過校正後之年代為 3,863±48B.P.（圖 50），落於牛稠子文化的已知年代範圍。另外取木炭標本 2 件，送至臺大地質系加速器質譜實驗室進行定年試驗，所得資料經過校正後的年代分別為 140±90B.P. 及 4,380±120B.P.（表 21）。前者雖然取樣自文化層，但可能受到近代擾亂影響，故所測得年代結果與實際差異甚大，無法引用；後者取自下文化層，測得結果合理，可佐證並視為本遺址之大坌坑文化層的埋藏年代。

表 21　木碳樣本碳 14 定年各項數據

Lab Code	Sample ID	C12 current (A)	C14 counts	C14 statistical error (%)	pMC (%)	error (±)	Δ14C (‰)	error (±)	14C Age (year BP)	error (±)	Calendric age (year BP)	error (±)
NTUAMS-4233-1	KSCC-P12-L23D	1.19E-05	67082	0.39	98.50	1.83	-15.0	0.3	122	2	140	90
NTUAMS-4234-1	KSCC-P23-L35C	6.61E-06	23818	0.65	61.26	1.18	-387.4	7.5	3936	76	4380	120

鼓山崎腳的考古發掘

BetaCal 3.21

Calibration of Radiocarbon Age to Calendar Years in published OxCal format

(highest probability ranges: MARINE13)

(Variables: C13/C12 = -4.7 o/oo : Delta-R = 87 ± 38 : Glob res = -200 to 500)

Laboratory number	Beta-507855
Conventional radiocarbon age	3950 ± 30 BP

3863 ± 48 Adjusted for local reservoir correction

95.4% probability

(95.4%)　　2017 - 1732 Cal BC　　　　(3966 - 3681 Cal BP)

68.2% probability

(68.2%)　　1950 - 1798 Cal BC　　　　(3899 - 3747 Cal BP)

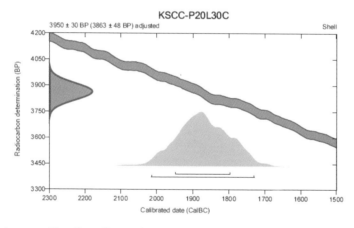

KSCC-P20L30C

Database used / mathematics used
　MARINE13 / OxCal

References
　References to Probability Method
　　Bronk Ramsey, C. (2009). Bayesian analysis of radiocarbon dates. Radiocarbon, 51(1), 337-360.
　References to Database MARINE13
　　Reimer, et.al., 2013, Radiocarbon 55(4).

Beta Analytic Radiocarbon Dating Laboratory
4985 S.W. 74th Court, Miami, Florida 33155 • Tel: (305)667-5167 • Fax: (305)663-0964 • Email: beta@radiocarbon.com
Page 3 of 3

圖 50　貝殼樣本定年結果

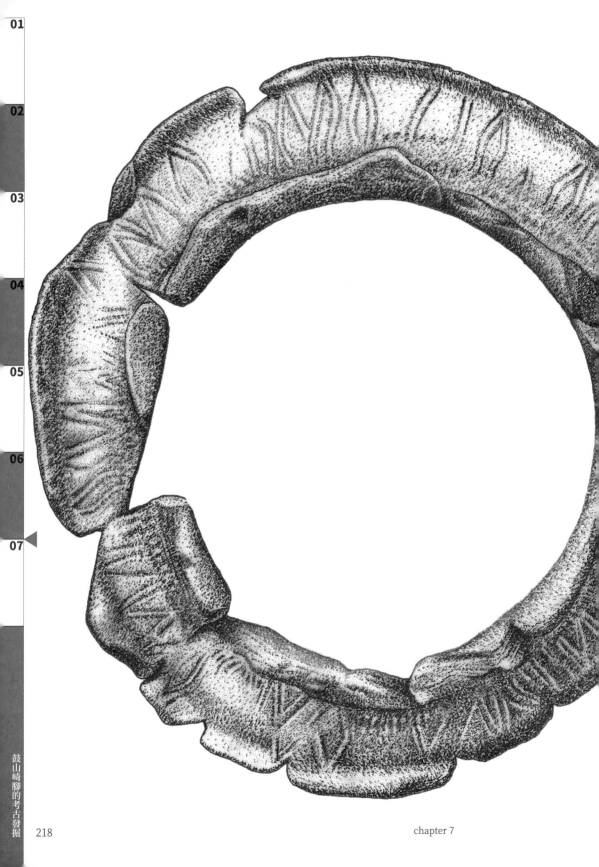

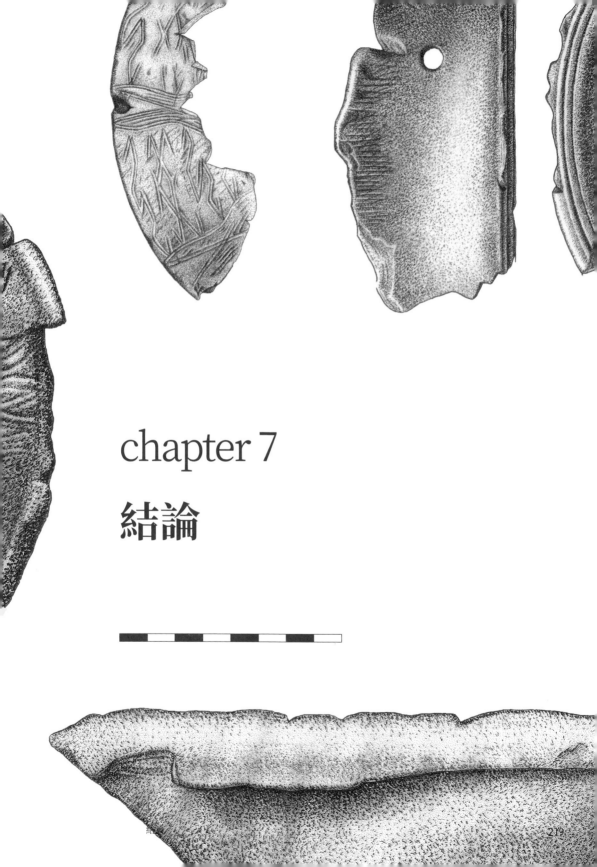

chapter 7

結論

柒、結論

　　在本次發掘的所有探坑中，出土屬於史前時代的 8 座灰坑與 2 具墓葬，這些現象根據地層深度與相關遺物內涵判斷皆屬於牛稠子文化時期。另亦有屬於歷史時期之水泥廠區相關建築的木樁基礎，其分布於發掘範圍之東、西兩端，並對部分史前埋藏造成若干影響。

　　在各種出土遺物中，史前遺留以陶質遺物占最大量，包含罐形器、缽形器等容器類破片，與少許陶環、陶紡輪與穿孔陶飾等。石質遺物如石鏃、石刀、石錛、斧鋤形器、石錘與砥石等。另有少量的獸骨、魚骨及貝類等生態遺留，但無此類材質所製成的骨角貝器。至於近現代遺物則有少量的瓷、磚、瓦與硬陶類等。

　　對本次發掘所得資料進行初步分析和研究後，已可確認本遺址的文化內涵及年代，擴展了對本地區史前文化發展的認識。而站在保護文化資產的立場，在此也依據發掘狀況和結果對工程及後續遺址保護事項提出建議。

一、文化內涵

　　考古學家將高雄地區的史前文化依年代早晚劃分為大坌坑文化、牛稠子文化、大湖文化與蔦松文化等。鼓山崎腳遺址下文化層所出土之木炭標本，經碳14定年所得的校正年代為4380±120 B.P.，接近高雄地區大坌坑文化的時間範圍，而從遺物內涵來看，下文化層遺物也具有大坌坑文化之特徵，上文化層則具有牛稠子文化之特徵。說明如下：

　　本次出土的史前陶質遺物，可明確區分出上、下文化層等兩種不同類型之陶片。上文化層常見以橙色夾砂陶與橙色泥質陶為主，主要器形為罐與缽。特徵為罐形器自頸折以下常施有繩紋，口緣以厚頸矮口罐的形式為多，口緣外敞的角度包含直侈、平敞與下敞，亦有少量唇緣外侈的高口罐。缽形器之口緣則以斜簷式為主，唇部呈斜簷而內高外低，亦有簡單的圓唇式或於唇緣內側加厚的形式。上文化層的有刃石器包含板岩質的石鏃、石刀，以及以橄欖石玄武岩、變質玄武岩為主的石錛與斧鋤形器等，並有2件玉材質的錛。無刃石器則有砂岩質的石錘與砥石。整體而言，遺物具有明顯的新石器時代牛稠子文化的特色，與高雄地區的漯底遺址、下甲遺址之牛稠子文化特徵相似（劉益昌，1994；劉益昌、陳玉美，1997）。

下文化層以淺黃橙色或顏色不均勻的橙色夾砂陶為主，陶片大多厚重且未燒透而呈灰黑色胎心，表面裝飾常見繩紋、劃紋的搭配，器型以罐形器為多。口緣形式包含近頸折處加厚微侈口、直侈斜平唇口與外敞斂唇厚頸口等，且於罐形器口緣與折肩破片能夠見到明顯的紋飾特徵，通常於頸部以下為繩紋，頸部以上至唇之間為雙細線的劃紋，並以波浪狀為多；唇緣通常有細密的壓印紋，斜平唇則有 2 至 3 道的弦紋。此類型陶片的圈足通常高而厚重，呈凹弧轉外敞的喇叭形式，紋飾亦有繩紋、弦紋的搭配，足頂常穿孔。整體而言，具有明顯的新石器時代早期大坌坑文化之特色，與高雄地區的六合遺址、福德爺廟遺址與孔宅遺址之大坌坑文化陶器特徵極為相似（參考同上引）。

總之，綜合地層堆積情形與出土遺物內涵，可確認本遺址含有兩層不同時期的史前文化，上方文化層特徵屬牛稠子文化，亦是本遺址主要之埋藏內容；下方文化層的年代較早，埋藏具有部分大坌坑文化特徵。

二、工程與文化資產保存建議

　　2015~2016 年，因進行滯洪池工程環境影響評估之文化資產調查與施工監看，發現了地表露出的遺物與部分的遺址分布範圍（陸泰龍、周庭安，2016）。該次調查所發現遺物之鑽探孔（A03、A04、A05、A22、A24）主要位在工程 0K+350~0K+390 處，而附近一帶在本計畫發掘中同樣出土密度較高遺物，兩次調查結果相符。

　　2016~2017 年，在臺泥廠區變更都市計畫區內的調查研究試掘中並未發現原堆積文化層分布（顏廷伃、郭意嵐，2017），僅於鄰近本計畫地點發現較多經二次堆積或流水沖積之歷史與史前遺留。由於日治時期以來人為活動干擾嚴重，以致未能確定鼓山崎腳遺址完整範圍。

　　在本次搶救發掘中，發現地層堆積狀態以及遺構、現象、遺物等的分布狀況並非均衡一致，大致上是南側地勢較北側高，出土遺留也較多。而北側與滯洪池公園步道之間的 5.8 公尺寬範圍內推測也應仍有密度不一之史前遺留。而在發掘過程中於 0K+370~0K+380 處之南側溪流下切斷面上，可發現密集遺物堆疊之文化層。另外，西南側往壽山國家公園之救災道路地面朝著西南方向緩升，但文化層反而較 0K+380 處來得深，呈現和緩向下分布狀態，不排除部分區域受到現代人為力量而改變原有地形地貌。

綜合近年來對本遺址的調查與研究，本區域滯洪池
南側及西側仍有明確史前遺留及文化層，南側尤其密度
較高，未來應該密切予以注意與保護。相關對策可參考
如《文化資產保存法》第 43 條：「主管機關應定期普
查或接受個人、團體提報具考古遺址價值者之內容及範
圍，並依法定程序審查後，列冊追蹤。」未來土地的使用
或開發應根據《文化資產保存法》第 47 條：「具考古遺
址價值者，經依第四十三條規定列冊追蹤後，於審查指
定程序終結前，直轄市、縣（市）主管機關應負責監管，
避免其遭受破壞」、第 49 條：「為維護考古遺址並保全
其環境景觀，主管機關得會同有關機關訂定考古遺址保
存計畫，並依區域計畫法、都市計畫法或國家公園法等
有關規定，編定、劃定或變更為保存用地或保存區、其他
使用用地或分區，並依本法相關規定予以保存維護。」
以及《考古遺址監管保護辦法》第 6 條：「主管機關
對考古遺址，應密切掌握相關之土地使用及開發計畫，
並將其基本資料及監管保護計畫通報所在地之工務、建
設、都市計畫或區域計畫、地政、農業及環保等主管機
關。」據此以保存珍貴的考古文化資產。

另也建議主管機關積極就本區域的遺址進行全面性
調查，以兼顧文資保存、學術研究，以及土地的開發利用
等。

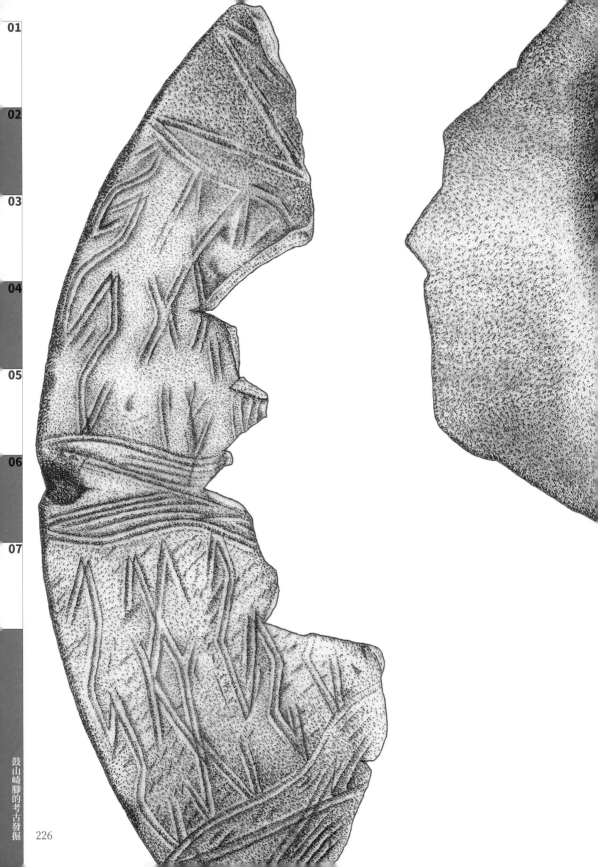

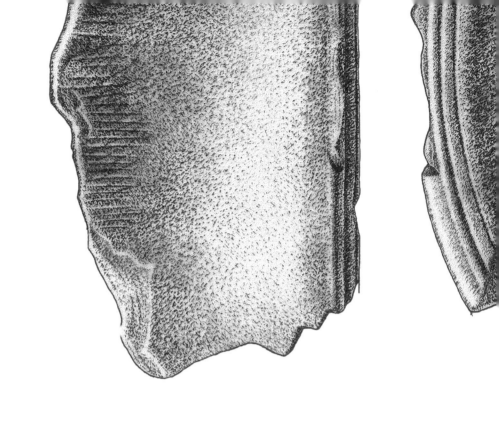

參考文獻

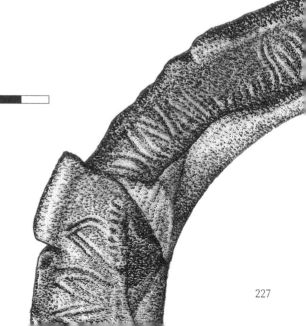

參考文獻

小川尚義

1944 《インドネシア語に於ける臺灣高砂語の位置》，
　　　《太平洋圈》上卷：451-503。黃秀敏譯 1993：
　　　338-380，臺東：臺灣史前文化博物館籌備處。

內政部營建署

2011 《壽山國家自然公園計畫書（核定本）》。

伊能嘉矩

1904 《臺灣蕃政志》，臺北：臺灣總督府民政部殖產局。

江樹生譯註

1999 《熱蘭遮城日誌》第一冊至第四冊，臺南：臺南市
　　　政府文化局。

何春蓀

1986 《臺灣地質圖五十萬分之一》，中央地質調查所。

吳進喜、施添福

1997 《高雄縣聚落發展史》，鳳山市：高雄縣政府。

李壬癸

2010 〈從文獻資料看臺灣平埔族群的語言〉，《臺灣語
　　　文研究》5（1）：1-14。

林朝棨

1960 〈臺灣西南部之貝塚與其地史學意義〉，《考古人
　　　類學刊》15/16：49-94。

張守真

1986 〈荷據時期「打狗」史事初探〉，《高雄文獻》
　　　24/25：1-34。

陳文達

1961[1720] 《鳳山縣志》。臺灣文獻叢刊第一二四種，
　　　臺北：臺灣銀行經濟研究室。

陸泰龍、周庭安

2016 《高雄市鼓山區臺泥廠區明渠及滯洪池工程『鼓山
　　　崎腳疑似遺址』施工監看暨鑽探計畫成果報告》，
　　　高雄市政府水利局委託龍門顧問有限公司。

黃耀能

1996 《續修高雄市志·卷一·自然志地理篇博物篇》，
　　高雄市：高雄市文獻委員會。

照史

1985 《打狗滄桑》：49-55，高雄市：春暉出版社。

臧振華、陳仲玉、劉益昌

1994 《臺閩地區考古遺址普查研究計畫（第二年）高雄
　　縣、高雄市》，內政部委託中央研究院歷史語言
　　研究所。

臺灣水泥股份有限公司

2013 《變更高雄市主要計畫部分工業區（工 23、工 25）
　　及河道用地為住宅區、商業區、特定商業專用區
　　及公園用地、園道用地、道路用地（臺泥鼓山廠
　　區開發案）》，高雄市都市計畫委員會民國 102
　　年 6 月 28 日第 30 次會議審議計畫。

劉益昌

1985 〈高雄市史前文化概述〉，《高雄文獻》22/23：
　　1-29。

1994 《高雄縣史前歷史與遺址》，高雄縣政府委託中央
　　研究院歷史語言研究所。

劉益昌、陳玉美

1997 《高雄縣史前歷史與遺址》，鳳山市：高雄縣政府。

戴志家

2015 《台泥鼓山廠區開發案文化資產調查計畫崎腳疑似遺物出土地點初步簡報》，臺南：庶古文創事業股份有限公司。

簡炯仁

2010 〈高雄濱海及丘陵地區的平埔族群〉，《高市文獻》23（2）：4-34。

顏廷伃、郭意嵐

2017 《臺泥鼓山廠區變更高雄市都市計畫區鼓山·崎腳疑似遺址文化內涵與範圍研究計畫成果報告書》，臺灣水泥股份有限公司委託社團法人中華民國國家公園學會。

Chang, Kwang-Chih

1969 Fengpitou, Tapenkeng, and The Prehistory of Taiwan. *Yale University Publications in Anthropology* No.73, New Haven: Yale University.

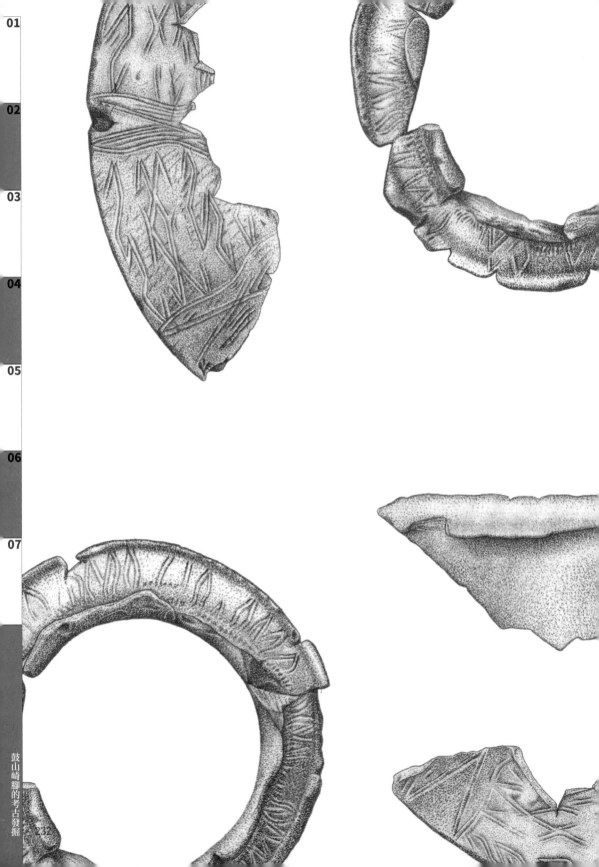

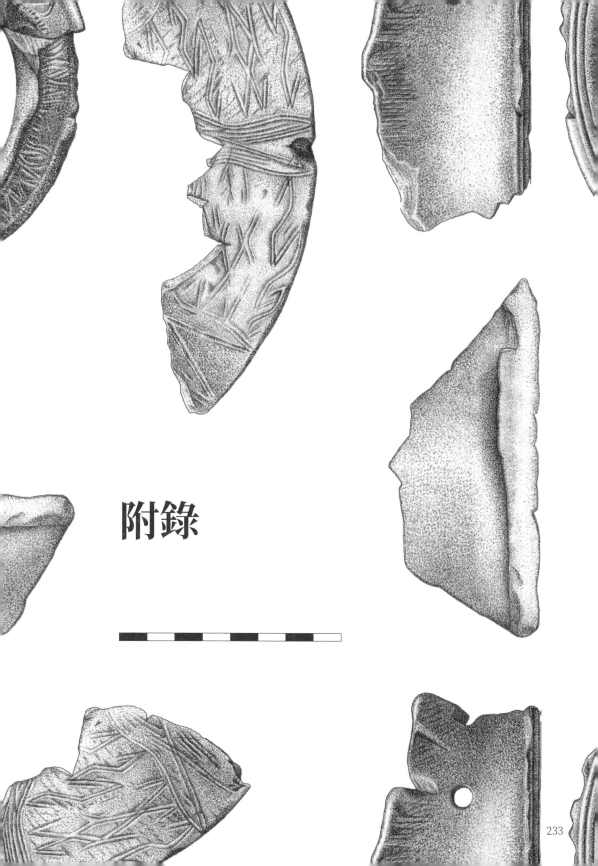

附錄

附錄——發掘工作狀況

發掘工作照

挖土機清理覆土

採集混雜於覆土內之遺物

挖土機清理表層擾亂堆積

發掘工作照

發掘工作照

發掘工作照

發掘工作照

發掘工作照

彎道段定坑

發掘範圍南側坡地地表採集

早期臺泥建築木基樁

陶片出土　　　　　　　　　　　　發掘工作照

測繪坑底圖　　　　　　　　　　　早期臺泥建築木基樁

墓葬清理　　　　　　　　　　　　墓葬清理

測繪界牆圖

陶環出土

發掘工作照

發掘工作照

發掘工作照

發掘工作照

發掘工作照

發掘工作照

發掘工作照

發掘工作照

發掘工作照

發掘工作照

發掘工作照

發掘工作照

發掘工作照

發掘工作照

發掘工作照

發掘工作照

發掘工作照

高雄文史采風 第 19 種

鼓山崎腳的考古發掘

國家圖書館出版品預行編目（CIP）資料

鼓山崎腳的考古發掘 / 楊宏政，李抒敏著 . -- 初
版 . -- 高雄市 : 高市史博館，巨流，2019.11
　　面；　公分 . -- (高雄文史采風；第 19 種)
ISBN 978-986-5416-24-9(平裝)

1. 考古遺址 2. 考古報告 3. 高雄市鼓山區

798.8033　　　　　　　　　　　　10801987

修　　訂　陳有貝
著　者　楊宏政、李抒敏

發 行 人　王御風
策 劃 督 導　曾宏民
行 政 策 劃　王興安

高雄文史采風編輯委員會
召 集 人　吳密察
委　　員　王御風、李文環、陳計堯、劉靜貞、謝貴文（依姓氏筆劃）

指 導 單 位　高雄市政府水利局
主 辦 單 位　高雄市政府文化局
出 版 發 行　行政法人高雄市立歷史博物館
　　　　　　　地址　80347 高雄市鹽埕區中正四路 272 號
　　　　　　　電話　07-531-2560
　　　　　　　傳真　07-531-5861
　　　　　　　網址　http://www.khm.org.tw

共 同 出 版　巨流圖書股份有限公司
　　　　　　　地址　802 高雄市苓雅區五福一路 57 號 2 樓之 2
　　　　　　　電話　07-2265267
　　　　　　　傳真　07-2233073
　　　　　　　網址　http://www.liwen.com.tw
　　　　　　　郵政劃撥　01002323 巨流圖書股份有限公司
　　　　　　　法律顧問　林廷隆律師
　　　　　　　登記證　局版台業字第 1045 號
責 任 編 輯　李麗娟
美 術 編 輯　Lucas
封 面 設 計　Lucas

出 版 日 期　2019 年 11 月初版一刷
定　　價　新台幣 500 元整
I S B N　978-986-5416-24-9（平裝）
G P N　1010802135

Printed in Taiwan

本書受「台泥鼓山廠區疑似考古遺址搶救發掘案相關主題展示規劃暨
施作及改寫出版案」計畫補助出版